ひねってやせる!

モデル専属ボディメイクトレーナーの

最強ストレッチダイエット

「e-stretch」代表
ボディメイクトレーナー
武田敏希

二見書房

2カ月で、体重マイナス8・2kg！
ウエストがマイナス12cm！

ひねるだけで、誰でもキレイにやせられる

みなさん、こんにちは。
ストレッチ専門ジム「e-stretch」代表の武田敏希です。

私のジムは「モデルさん専門」というわけではないのですが、有名モデルの方が数多く通ってくださっています。

私はパーソナルトレーナーとして、彼女たちのボディメイクを指導させていただいているのですが、「短期間でやせた」「どうしても落ちなかったお肉が落ちた」

「キレイになったねといわれた」などと、喜びの声をたくさんいただいています。

その声が広がって、評判となり、多くのモデルさんたちが通ってくださるようになりました。

もちろん、モデルさんだけでなく一般の方も、老若男女を問わず通ってくださっています。そして、「２カ月で体重マイナス８・２kg！　ウエストがマイナス12cm！」「体脂肪率マイナス８％！」といった、驚きの結果が次々と出ています。

詳しくは６～９ページに紹介しましたので、ご覧いただければと思います。

トレーナーとして多くの方の指導をさせていただくなかで思うのは、「ただ体

重を減らすだけなら、そんなに難しくはない」ということ。

難しいのは「キレイにやせる」こと、思い描く理想のボディラインに自分の体を近づけていくことです。

そして、多くの女性が憧れる理想のボディラインとは、筋肉ががっつりとついたカラダではなく、ほっそりとくびれたウエストやキュッと上がったヒップなど、モデルのようなしなやかで女性らしいスタイルではないでしょうか。

キレイにやせて理想のボディに近づける、それが「ボディメイク」です。ボディメイクの観点から、一部の筋肉や関節に過度に負担をかけず、体の歪みを正し、自律神経を整える効果のある「ストレッチ」はとても有効なのです。

本書でご紹介するのは、私のジムで行っているストレッチを中心に、軽いエクササイズと組み合わせた、オリジナルのプログラム「ストレッチダイエット」です。

特徴は、すべて「ひねる」動作をともなっていること（「ひねる」には「曲げる」「ねじる」も含みます）。

そう、「ひねってやせる！」のです。

ストレッチダイエットを続けていただければ、早い方なら2週間ほどで、効果が目に見えてくるでしょう。

ただ、そこで安心してやめるのではなく、健康のためにも、ぜひその先も続けていただきたいと思います。毎日の洗顔や歯みがきのように、生活の一部にストレッチを組みこんでいただければと思います。

ふっくらとしたバスト、引き締まったウエスト、キュッと上がった美尻、まっすぐ伸びた脚……。

憧れのモデルのような、メリハリの効いた女性らしいスタイルをめざして、さあ、いっしょにはじめましょう！

武田敏希

こんなにスッキリやせました！

体型は諦めていましたが、
楽しくやせることができました！

A様
34歳
身長160cm

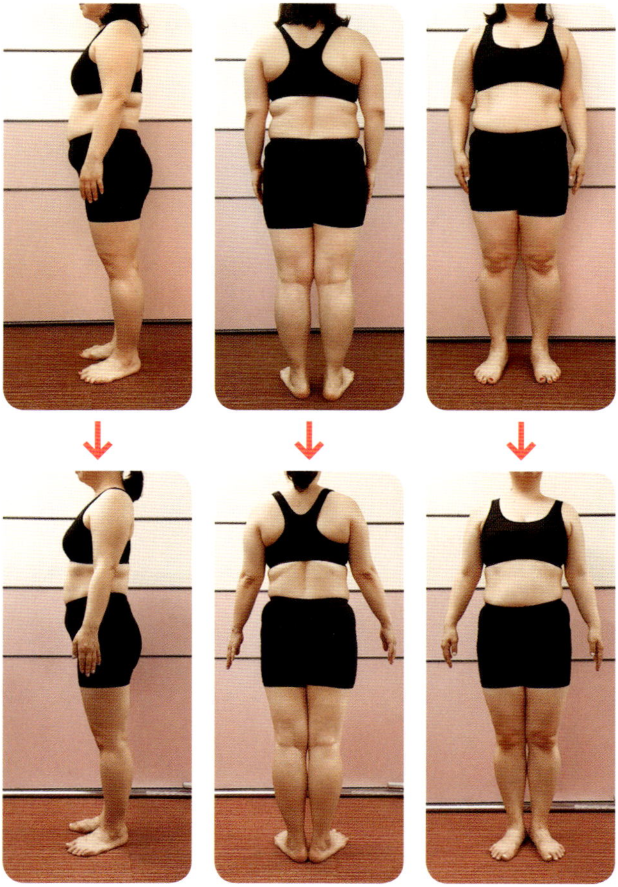

Before

体重
76.5kg

ウエスト
91.0cm

After

体重
68.3kg

ウエスト
79.0cm

60日間で
体重 -8.2kg　ウエスト -12cm　体脂肪率 -4.8%

Before & After

自己満足度100%！
ストレッチは楽しいです

B様
53歳
身長164cm

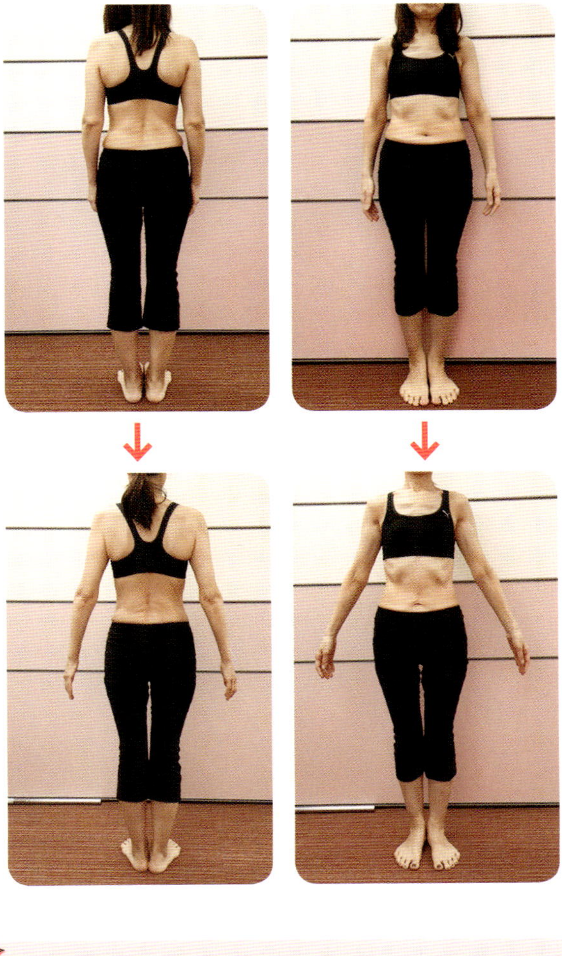

Before

体重
53.7kg

ウエスト
73.0cm

After

体重
49.2kg

ウエスト
63.0cm

60日間で
体重 -4.5kg　ウエスト -10cm　体脂肪率 -5.4%

 ストレッチと食事指導を行った結果です。

こんなにスッキリやせました！

長年気になっていた、
お腹まわりがスッキリしました！

C様
25歳
身長162cm

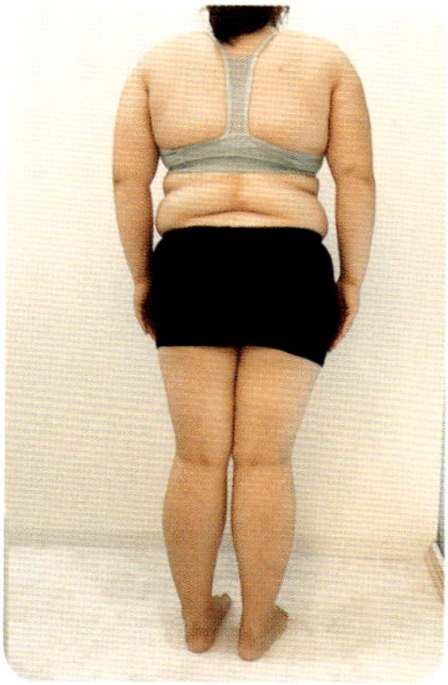

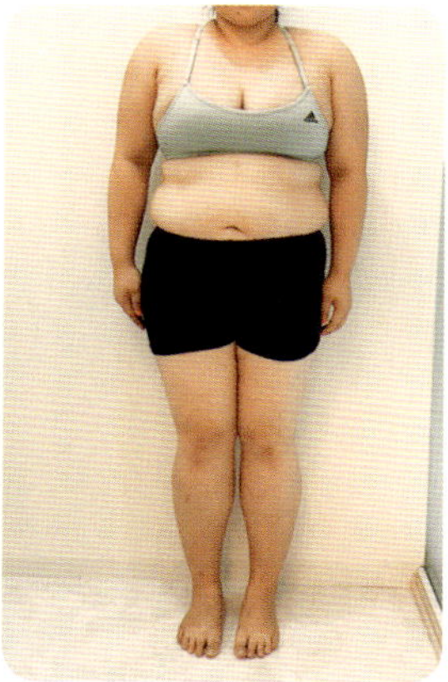

Before

体重
87.4kg

ウエスト
103.0cm

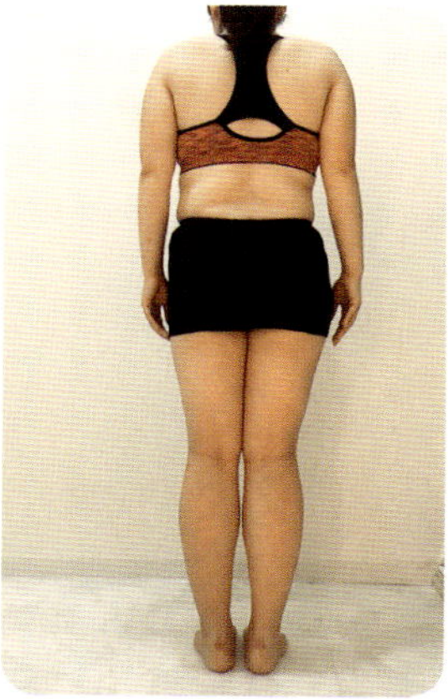

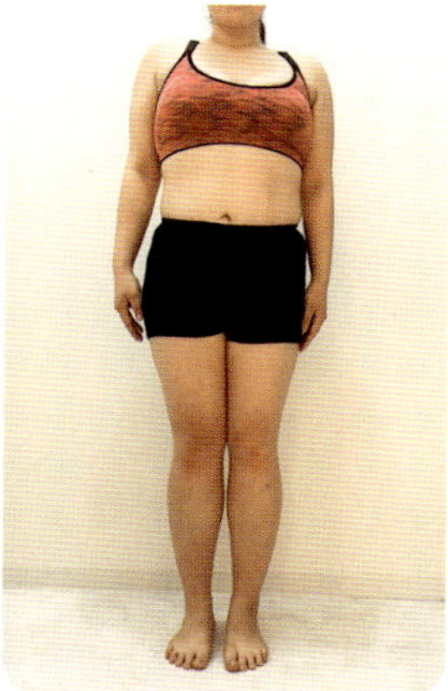

After

体重
75.0kg

ウエスト
85.0cm

60日間で
体重-12.4kg　ウエスト-18cm　体脂肪率-8%

Before & After

筋肉くっきり！
スポーツマンの体型になりました

D様
33歳
身長169cm

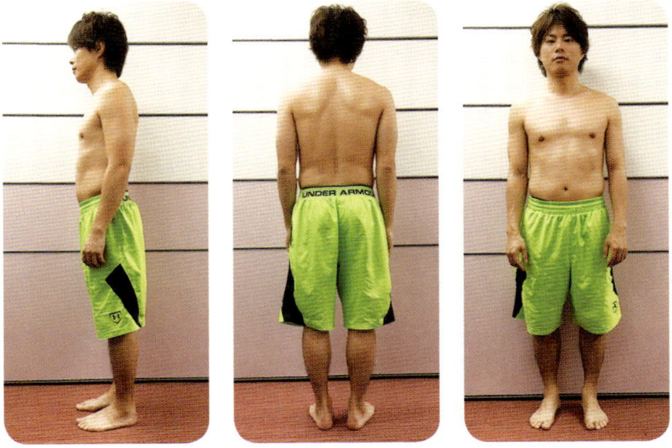

↓　↓　↓

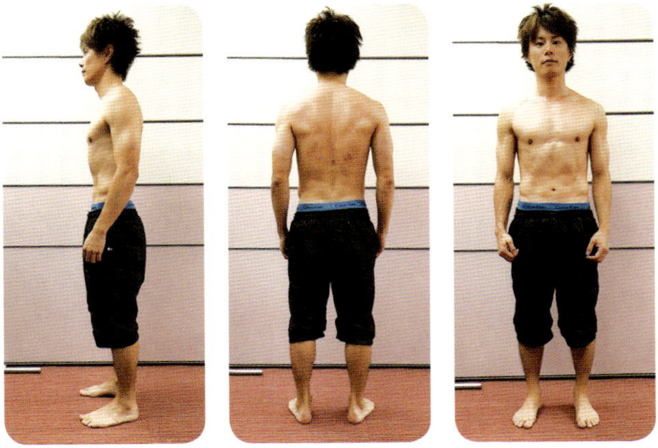

Before

体重
64.4kg

ウエスト
81.0cm

After

体重
58.6kg

ウエスト
72.0cm

60日間で
体重 -5.8kg　ウエスト -9cm　体脂肪率 -7%

✤ストレッチと食事指導を行った結果です。

Contents

Part 1 ひねってやせる！そのメカニズム

Part 2
ひねるだけ！最強のやせストレッチ

Part 3

気になる部分やせも、ひねるだけ！

Part 4 モデルも実践！キレイにやせる生活習慣

Part 1

ひねってやせる！ そのメカニズム

「ひねる」動きをプラスしたストレッチで、
どうしてキレイにやせるのか。
最初にそのメカニズムをおさえておきましょう。
実際にストレッチを行うときに、
意識をすることで、より効果が高まります。

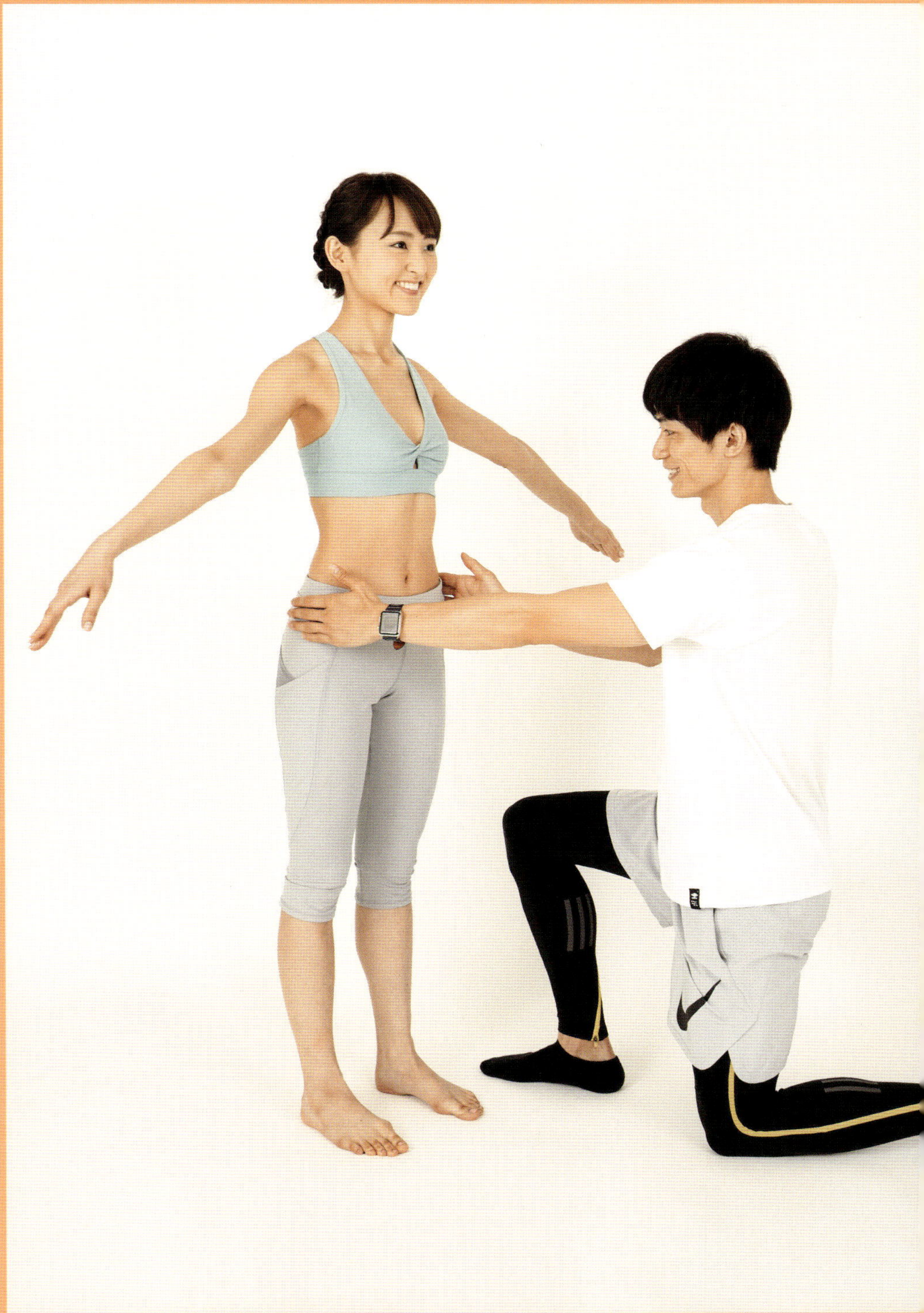

イントロ

ひねってやせる！ そのメカニズムとは？

身体活動や運動の強度を表す単位に「メッツ（METS）」があります。

これによると、いわゆる「ストレッチ」は2・5メッツ。「ゆっくり歩く」や「ハタヨガ」などと同じ強度で、意外と少なくないことがわかります。さらに、本書掲載のストレッチは、軽いエクササイズを加えたオリジナルプログラムですので、さらに高い運動強度が期待できます。

また、本書のストレッチは、すべて「ひねる」動作をともなっています。

筋肉の運動量を測定する実験によると、**「ひねるストレッチ」はひねらないものに比べて約４倍のエネルギー消費量があり、基礎代謝がアップし、高い脂肪燃焼効果がある**ことがわかっています。つまり、簡単に「やせ体質になる」ことができるのです。

「ひねるストレッチ」で、なぜやせるのか？　それには5つのセオリーがあります。PART2でご紹介している15のストレッチは、５つのセオリーのそれぞれに対応しています。

では、次ページからひとつずつ説明していきましょう。

ストレッチの活動強度は、意外に少なくない

1メッツ
テレビを観る
車に乗るなど

2.5メッツ
ストレッチ
ゆっくり歩く
ハタヨガなど

2メッツ
料理、洗濯
シャワーなど

「ひねり」をプラスした最強のやせストレッチ

1 基礎代謝アップ

「ひねるストレッチ」をすることで、血液循環がよくなり、基礎代謝がアップし、セルライトがつくられにくくなります。

2 脂肪燃焼効果

褐色脂肪細胞（→p.26）の多い、首、肩、肩甲骨、わきの下、脊髄などを刺激する「ひねるストレッチ」を行うことで、体の温度を上げ、「脂肪燃焼効果」が得られます。

→ 「ひねるストレッチ」は
ひねらないときと比べて
約4倍の
エネルギー消費量!!

「ひねってやせる！」5つのセオリー

1 自律神経を整え、やせ体質になる → ストレッチ 全般
2 日常生活では使われない筋肉を鍛える → ストレッチ 全般
3 背中を柔らかくして体の歪みを直す → ストレッチ A〜E
4 腸を刺激して代謝をアップする → ストレッチ F〜I
5 褐色脂肪細胞を刺激して、燃える体にする → ストレッチ J〜O

セオリー1

自律神経を整え、やせ体質になる

「頑張っているのになかなかやせない」……もしそんな悩みを抱えているとしたら、自律神経の乱れが関係しているのかもしれません。

自律神経は体内のあらゆる調整を行っている神経で、交感神経と副交感神経があります。この2つはアクセルとブレーキの関係で、活発に活動する昼間はアクセルの交感神経がメインに働き、リラックスする夜はブレーキの副交感神経が優位になります。

ところが、現代人は交感神経が優位になりがちで、バランスがくずれやすくなっています。**自律神経のバランスがくずれると、食欲、代謝、血流、排泄、腸の動きなどに悪影響を及ぼし、その結果、食欲がコントロールできなくなったり、むくみがおきたり便秘になったりして、太りやすくなってしまう**のです。

自律神経を整えるには、適度な運動、深呼吸、入浴、アロマなどが効果的。体に負荷をかけすぎない適度な運動で、気持ちよくてストレス解消にもなり、リラックス効果もある「ストレッチ」はぴったりなのです。

自律神経のバランスが整うとやせやすくなる

1. 代謝がアップし、脂肪がたまりにくくなる
2. 筋肉量が増加し、消費カロリーがアップする
3. 腸内環境が改善し、代謝がアップし、セルライトがなくなる
4. ストレスが解消し、暴飲暴食をしなくなる
5. 眠りの質が向上し、体の機能がよくなる

自律神経を整えるには適度な運動、深呼吸などが効果的

適度な運動で、ストレス解消になり、リラックス効果もある「ストレッチ」はぴったり！

セオリー2

日常生活では使われない筋肉を鍛える

日常生活での基本動作は、その多くが「またぐ」「踏みこむ」「しゃがむ」の3つを基本としています。これらの動作のときに筋肉がどのように動いているかを見ると、「前方への動き」であることが多く、筋肉の使い方に偏りが出てしまうのです。

筋肉は怠け者で、使わないとすぐに衰えてしまいます。日常生活の動作だけでは、前方に動くときに使われる筋肉は発達しやすく、後方や横の動きを行うときに使われる筋肉は加齢とともに衰えていってしまうでしょう。

たとえば、使いすぎた太ももの前側だけに筋肉がムッチリついたり、逆にあまり使わない体の後ろ側（お尻や背中など）はプヨプヨになってきたりするのです。

バランスのよいキレイなボディをつくるには、体全体の筋肉をまんべんなく使うことが、重要なポイントになります。

本書では、普段使われにくい「ひねる動き」を取り入れたストレッチを紹介して、眠っていた筋肉を呼び覚ましていきます。

普段の動作では「前方への動き」が多い

踏みこむ

歩くとき、脚を前方へ出す動作

またぐ

障害物を避けるとき、脚を前方へ上げる動作

しゃがむ

床にある物を拾うとき、脚を前方へ曲げる動作

普段の生活では使われにくい「ひねる動き」のストレッチで、眠っていた筋肉を呼び覚ます。

セオリー3

背骨を柔らかくして体の歪みを直す

ただ体重を減らすだけでは、キレイにやせることはできません。ボディラインをキレイに見せるには、体の歪みを直すことがとても大切です。

とくに最近は、スマホや長時間のパソコン作業などで、姿勢が悪く背骨が歪んでいる方、背骨の動きや背中の筋肉が硬くなっている方が多いので、要注意。

体の中心線である**背骨が歪んでいると、前後左右がアンバランスになって見た目に影響するうえに、ウエストのくびれもキレイに出ません。**また背骨につながる神経にも影響し、痛みやしびれなどを引き起こすこともあります。

さらに、背骨の歪みは、横隔膜の上下運動を制限することにもつながります。その結果、深い呼吸ができにくくなって、**新陳代謝が低下し、太りやすい体になってしまいます。**

本書では、左右や前後に「ひねる」ストレッチによって、背骨の歪みを調整し、背中の柔軟性を高めていきます。柔軟性があると、安定した体幹をつくることにもつながり、均整のとれた魅力的なボディラインとなるでしょう。

ひねるストレッチで、背骨の歪みを直し背中の柔軟性を高める

右と左を均等に
ひねって、
背骨の配列を
正す

背中をそらす・
丸める動きで、
背中の柔軟性を
高める

セオリー4

腸を刺激して代謝をアップする

腸は、消化・吸収・排出（解毒）をつかさどる大切な器官ですが、この働きが悪くなって不調を訴える方もとても多いようです。**腸の働きや状態が悪いと、全身に十分な栄養が行き届かないうえに、新陳代謝が悪くなって脂肪が燃焼されにくくなり、たまりやすくなってしまいます。**

腸の働きが鈍って、便秘に悩む方も少なくありません。便が体にたまって排出できないのですから、お腹はポッコリと出てしまいます。

便秘の原因には食生活と生活習慣の乱れが考えられますが、食事でいえば忘れてはいけないのが食物繊維。ただ、食物繊維には「水溶性」と「不溶性」の2種類があるのは意外と知られていません。この2種類の食物繊維はそれぞれ働きが異なり、どちらか一方に偏っても意味がなく、バランスよくとることが便秘改善のポイントになります。

本書で紹介する「ひねるストレッチ」では、腸にアプローチするストレッチで、まんべんなく腸を刺激し、代謝をアップします。ポッコリお腹もみるみる解消していくでしょう。

お腹まわりをひねるストレッチで、腸を刺激し、代謝をアップ

お腹まわりを
大きくひねって、
腸を活性化する

便秘かどうか、その判断基準は？

３日以上排便がなかったり、１週間のうちに２回以下の排便の場合は、便秘といわれています。

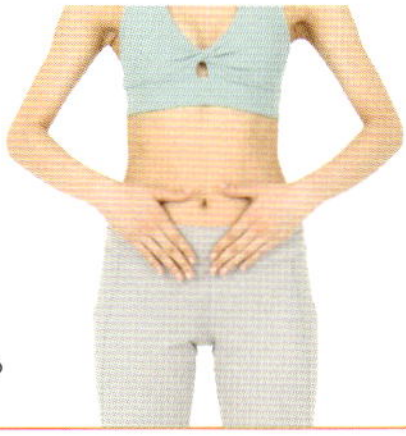

便秘改善には、食物繊維が効果的

食物繊維には「水溶性・不溶性」の２種類があり、バランスよくとることが大切です。

①**水溶性食物繊維**（海藻類、果物など）
＝**便をやわらかくする働きがある**

②**不溶性食物繊維**（野菜類、いも類、豆類、穀類、きのこ類など）
＝**便が水分を含み、カサを増やす働きがある**

セオリー５

褐色脂肪細胞を刺激して、燃える体にする

脂肪には、大きく分けて「白色脂肪細胞＝蓄える機能」と「褐色脂肪細胞＝燃やす機能」の２種類があります。

白色脂肪細胞は、一般的に「体脂肪」ともいわれ、「上腕部、下腹部、お尻、太もも」などの全身に分布しています。食事から摂取して余分になった脂肪は「タンク」のように蓄えられ、白色脂肪細胞には脂肪を燃やす機能はありません。

褐色脂肪細胞は「首、肩、肩甲骨、わきの下、脊髄」の周辺の限られた部分に存在しています。白色脂肪細胞を取りこんで燃焼させる「ヒーター」のような働きをし、やせるための重要な役割を担っています。

褐色脂肪細胞は、生まれたときは１００グラム前後ありますが、大人になると半分以下に減ってしまうといわれています。本書では、「ひねるストレッチ」によって、褐色脂肪細胞が集中している「肩甲骨、首、背骨」などを刺激して活性化します。その結果、白色脂肪細胞を燃焼させ、やせやすい体をつくることができます。

白色脂肪細胞がある部分

白色脂肪細胞は脂肪を蓄えるだけ！

食事から摂取して、エネルギーとして使われなかった脂肪は、白色脂肪細胞に蓄えられていきます。
白色脂肪細胞には、脂肪を燃やす機能はありません。

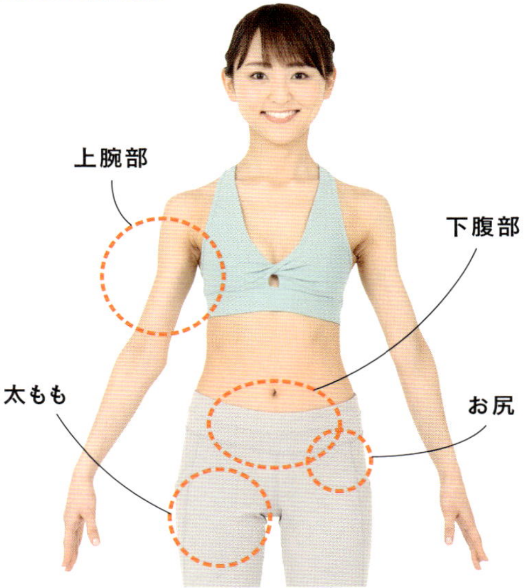
上腕部
下腹部
太もも
お尻

褐色脂肪細胞がある部分

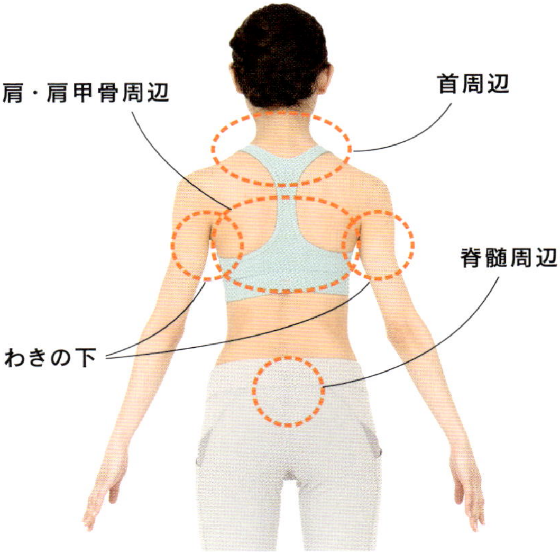
肩・肩甲骨周辺
首周辺
脊髄周辺
わきの下

褐色脂肪細胞だけが脂肪を燃やせる！

大人になるとともにどんどん減っていく褐色脂肪細胞は、残念ながら増やすことはできません。
しかし、「ひねるストレッチ」で、褐色脂肪細胞を活性化させ、白色脂肪細胞を燃焼させることで、効率よくやせることができます。

プログラム

ひねってやせる！ 目的別プログラム

本書では、AからXまで24のストレッチを紹介しています。興味のあるストレッチだけを行うのもよいのですが、目的に合わせてプログラム通りに行うと、より効果的です。

キレイにやせたい！

即やせコース

A・B・C・D・E → いずれか3つ

F・G・H・I → いずれか3つ

J・K・L・M・N・O → いずれか2つ

※計8つのストレッチを行います。

ラクやせコース

A・B・C・D・E → いずれか2つ

F・G・H・I → いずれか2つ

J・K・L・M・N・O → いずれか1つ

※計5つのストレッチを行います。

気になる部分もやせたい！

部分やせコース

お腹 → P・Q・R

背中・二の腕 → S

ウエスト → T・U

お尻 → V・W・X

「ひねるストレッチ」を行うときはこんなことがポイントになります

回数

ストレッチごとに回数は異なりますが、
主に下記の2パターンになります。

➡左右10回×1〜3セット

➡10回

回数は徐々に増やしていきます。
1週目は1セットからはじめ、2週目は2セット、
3週目以降は3セットと増やしていくとよいでしょう。

頻度

毎日5分でも10分でも、コツコツ続けるようにしてください。
あくまでも継続することが第一目標です。

時間帯

起床後は体も頭もシャキッと冴えています。
お風呂上がりは筋肉が温まっている状態で、相乗効果が期待できます。

服装

ジャージなど、動きやすくラクな服装で行いましょう。

場所

本書では寝転がるストレッチもあります。
フローリングの場合はヨガマットなどを敷きます。
畳の上でもいいでしょう。
※ベットの上ではやわらかすぎます。

Part

2

ひねるだけ！ 最強のやせストレッチ

ボディメイクの基本は、まずやせること。
全身がすっきりキレイにやせることを目的として、
厳選した15の基本ストレッチです。
全身をさまざまにひねって、
効果を実感してください。

umbro
play umbro

ストレッチ A

背骨の歪みをなくす①

ウエストや背中の柔軟性が獲得でき、
呼吸もしやすくなります。
まずは姿勢の土台づくりから！

バックオープナー

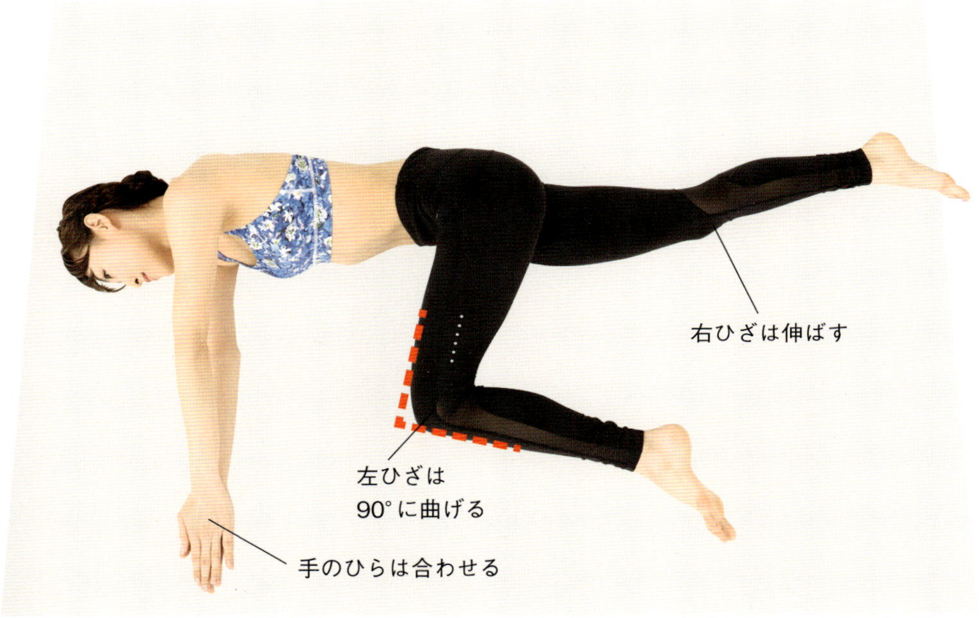
右ひざは伸ばす
左ひざは
90°に曲げる
手のひらは合わせる

1

**右肩を下にして横向きに寝る。
左ひざは90°に曲げて床につける。
両腕は肩の高さにまっすぐ伸ばす。**

Point

左ひざが床から浮かないように注意します。右肩も床にしっかりつくようにしましょう。

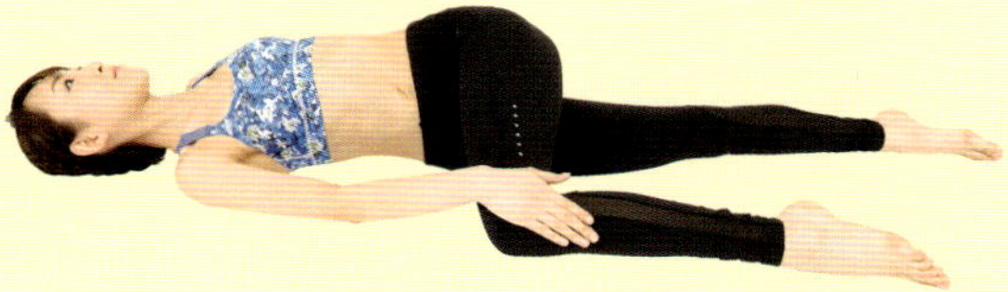

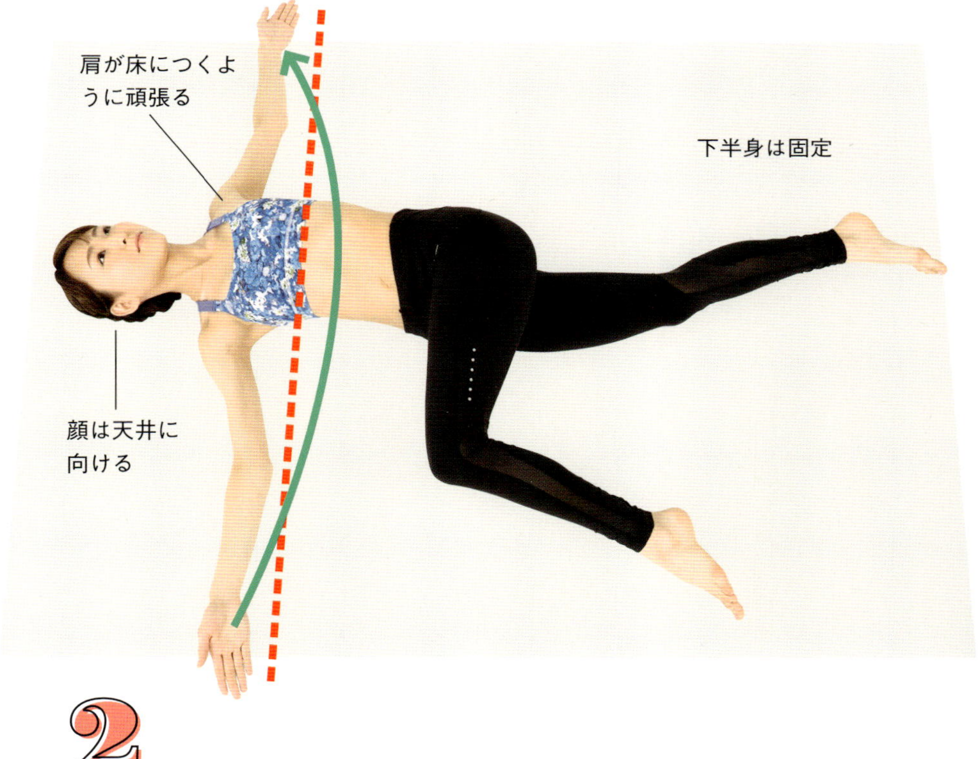
肩が床につくように頑張る
下半身は固定
顔は天井に向ける

2

左腕を伸ばしたまま左側へ開き、上半身をひねる。10回くり返し、反対側も同様に行う。

➡ 左右10回×1〜3セット

ストレッチ B

背骨の歪みをなくす②

正しく背骨を配列させて、
体幹部を安定させる効果大です。
背中まわりの緊張ほぐしにもつながります。

ピラーチューン

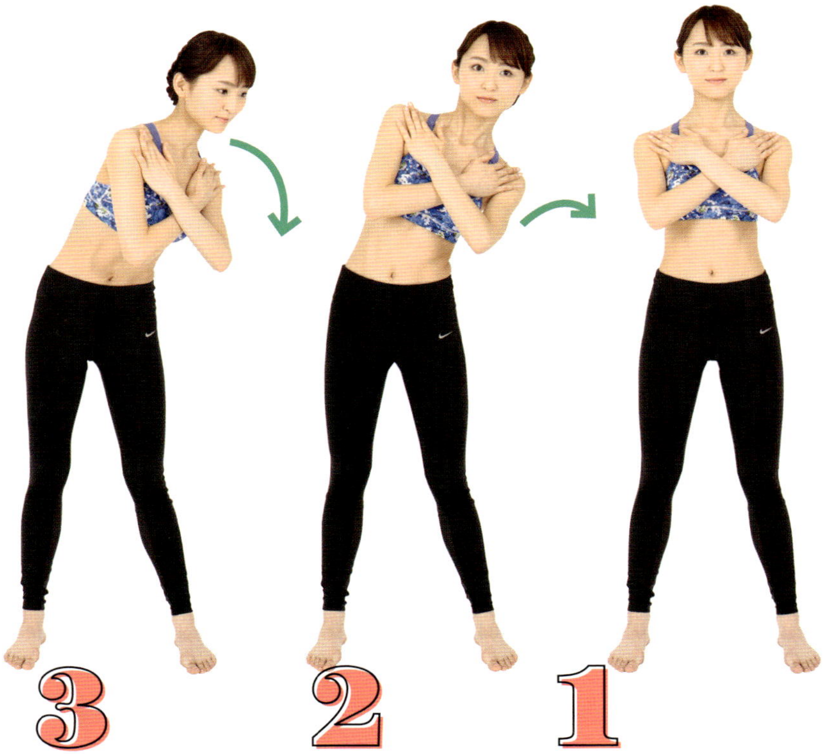

1

脚は肩幅より開いて立つ。両腕は胸の前でクロスさせ、指先は伸ばして鎖骨にあてる。

2

上半身を左に倒す。

3

そのまま上半身を左前にひねる。

NG

下半身は固定して、いっしょに動かないように注意しましょう。

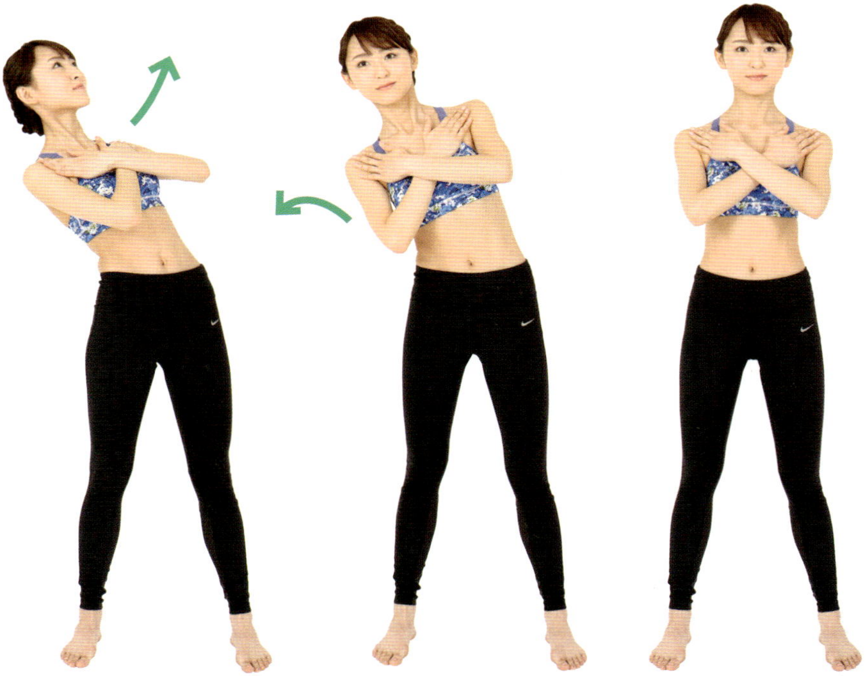

4

まん中に戻る。

5

上半身を右に倒す。

6

上半身を左後ろにひねる。10回くり返し、反対側も同様に行う。

➡ 左右10回×1〜3セット

ストレッチ C

背骨の歪みをなくす③

お腹、ウエスト、腰、背中を柔らかくし、
キレイなくびれラインを
つくることができます。

ヒップクロスオーバー

手のひらは
上へ向ける
ひざはそろえて
90°に曲げる

1

仰向けになる。
両ひざはそろえて立て、90°に曲げる。
両腕は肩の高さにまっすぐ伸ばす。

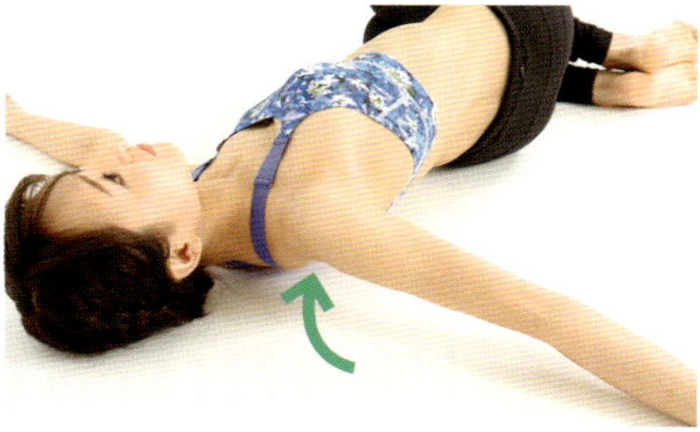

NG

ひねった方向と反対側の肩（写真では右肩）が、床から浮かないようにしましょう。

上半身は固定
ひざを合わせたまま倒す

2

両ひざを右側へ倒し、上半身を固定しながら、下半身をひねる。10回くり返し、反対側も同様に行う。

➡ 左右10回×1〜3セット

ストレッチ D

背骨の歪みをなくす④

背骨、肩甲骨、骨盤など、
体の軸となる体幹の柔軟性を獲得しましょう。
犬や猫の動きをイメージして！

キャット&ドッグ

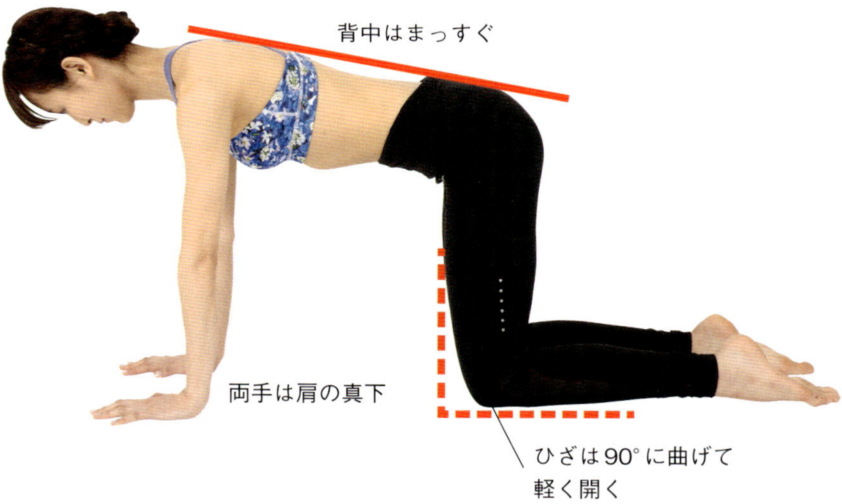

背中はまっすぐ
両手は肩の真下
ひざは90°に曲げて
軽く開く

1

**両手、両ひざを床につき、四つんばいになる。
両ひざは90°に曲げて軽く開き、
両手は肩の真下につく。**

Point

あごを前に突き出すようにすると効果的です。

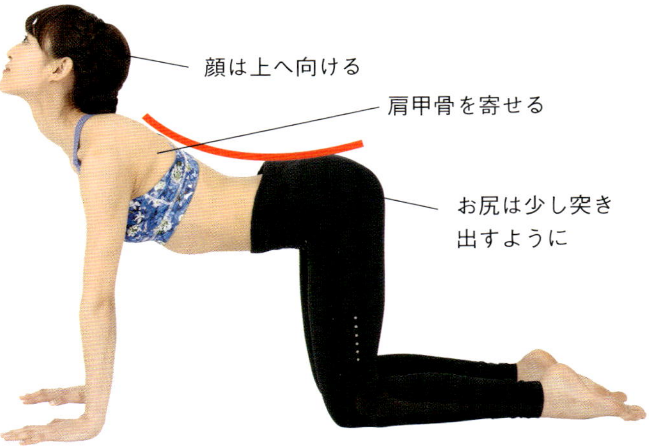
顔は上へ向ける
肩甲骨を寄せる
お尻は少し突き出すように

2 上体をそらす。

肩甲骨をしっかり開く
おへそを見るように顔を倒す
お尻は内側に入れるイメージ

3 上体を丸める。

Point

肩甲骨の動きを十分に意識してください。

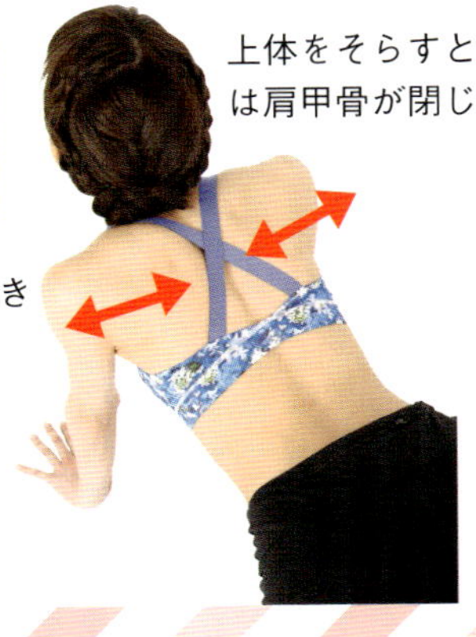
上体をそらすときは肩甲骨が閉じる
上体を丸めるときは肩甲骨が開く

➡ 10回×1～3セット

ストレッチ E

背骨の歪みをなくす⑤

肩まわり、肩甲骨、背中の柔軟性を獲得。
左右のバランスを整え、
背骨の歪みをなくします。

スパインローテーション

左手は耳の後ろにあてる
右手は肩の真下
ひざは90°に曲げて
軽く開く

1

両手、両ひざを床につき、四つんばいになる。
両ひざは90°に曲げて軽く開き、
右手は肩の真下でつく。
左手のひらを耳の後ろにあてる。

NG

上半身をひねるとき、下半身もいっしょに動かないように注意しましょう。

2

下半身を固定しながら、上半身を上へひねる。

Point

肩先を床に向けるようなイメージで！！

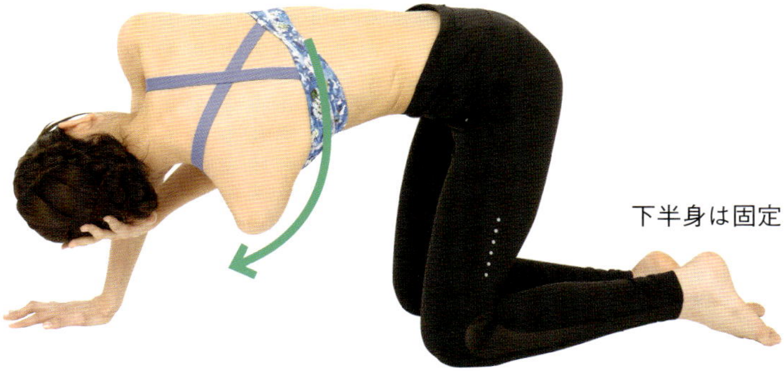

3

下半身を固定しながら、上半身を下へひねる。10回くり返し、反対側も同様に行う。

⇨ 左右10回×1〜3セット

ストレッチ F

基礎代謝をアップする①

ウエストをしっかりひねりながら、
負荷をかけていきます。
キレイなウエストラインを手に入れましょう。

サイドツイスト

手のひらは上へ向ける
左ひざは90°に曲げる

1

仰向けになって、両腕は肩の高さにまっすぐ伸ばす。左脚を右側へ倒し、ひざは90°に曲げる。

NG

上半身をしっかり固定して、ひねることを意識してください。

上半身は固定
右肩は上がらないように

2

左脚を腕のほうへ引き寄せる。
10回くり返し、反対側も同様に行う。

➡ 左右10回×1〜3セット

ストレッチ G

基礎代謝をアップする②

股関節やウエストを刺激していきます。
骨盤をニュートラルにしていきましょう。
体が硬い方は「救済ポーズ」からスタート！

スコーピオン

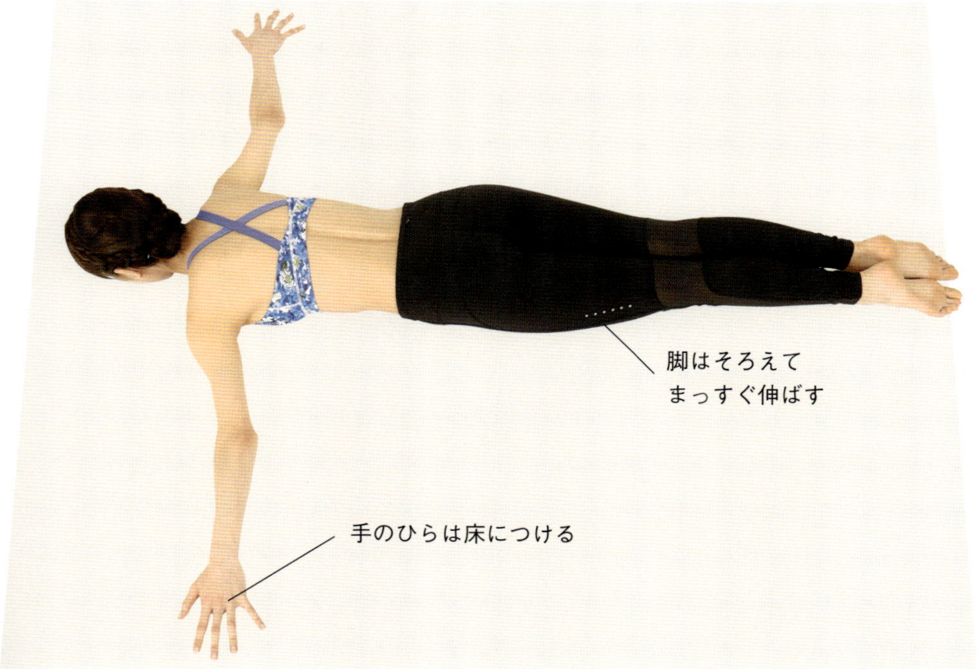
脚はそろえて
まっすぐ伸ばす
手のひらは床につける

1 うつ伏せになって、両脚をそろえる。
両腕は肩の高さにまっすぐ伸ばす。

Point

大きく下半身をひねるのが困難な場合は、写真のような「救済ポーズ」でもOK！ 最初から無理しないように。馴れてくれば、**2**のようにできます。

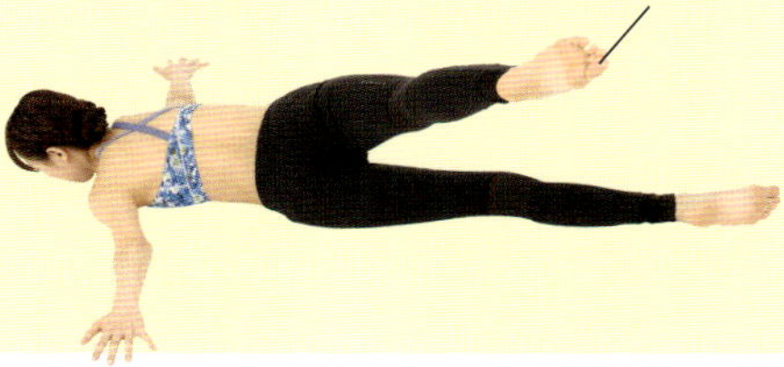
最初はつま先がつかなくてもOK

2

右脚を大きく左側にひねり、つま先を床につける。10回くり返し、反対側も同様に行う。

NG

ひねった方向と反対側の肩（写真では右肩）が、床から浮かないようにしましょう。

⇨ 左右10回×1～3セット

ストレッチ H

基礎代謝をアップする③

骨盤の歪みを正して、柔軟性をアップします。
ポッコリお腹改善にも効果大です。
仰向けになって行う骨盤まわしです。

ペルビッククロック

手のひらは
上へ向ける
足の裏は床につける

1

**仰向けになって、両腕は
肩の高さにまっすぐ伸ばす。
両脚は肩幅に開き、
ひざを90°に曲げて立てる。**

Point

お腹にジムボールをのせると、骨盤の動きがよくわかります。ペットボトルなどをのせてもいいでしょう。

2

骨盤を右に傾ける。

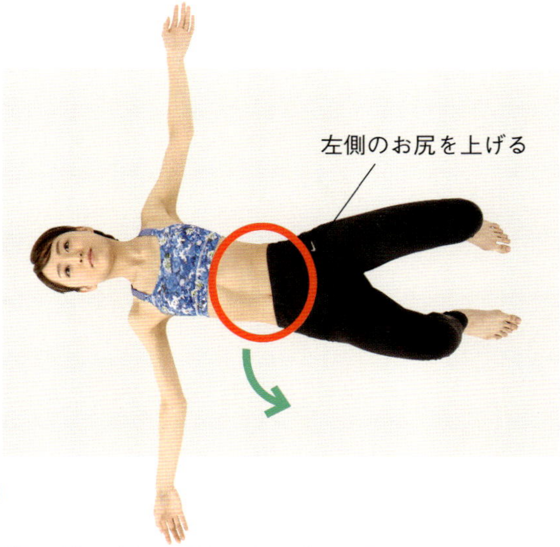
左側のお尻を上げる

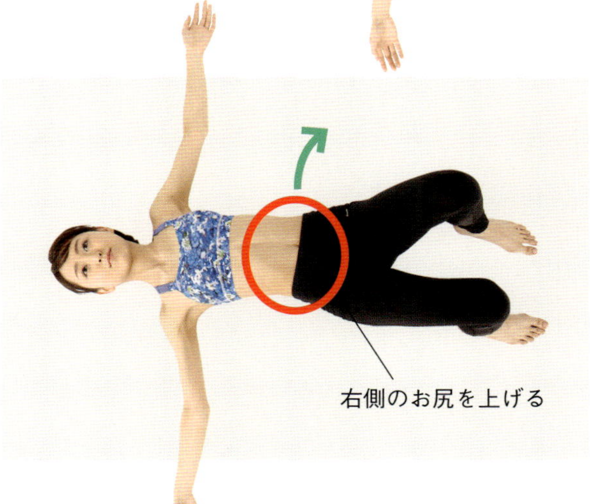
右側のお尻を上げる

3

骨盤を左に傾ける。

4

骨盤を下に下げる。

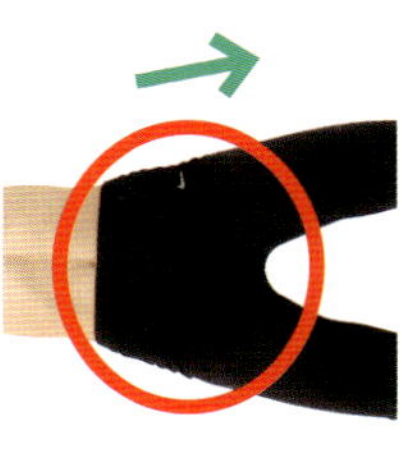

5

骨盤を上に上げる。

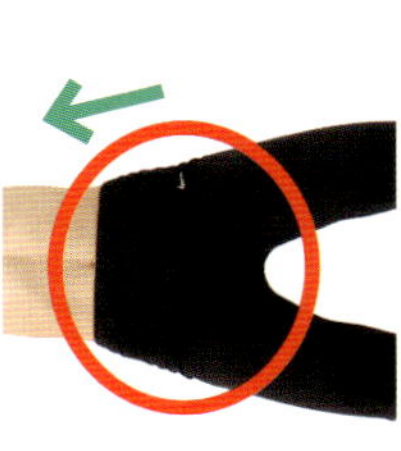

➡ 10回×1～3セット

ストレッチ

基礎代謝をアップする④

少し強度は高いですが、背中の丸まり改善や
ウエストのくびれに効果が期待できます。
チャレンジしてみてください。

スパインサークル

ひざは90°に曲げて
肩幅に開く
手のひらは合わせる

1

両手、両ひざを床につき、四つんばいになる。
両ひざは90°に曲げて、肩幅に開く。
頭の右側面と、右肩を床につけ、
両腕は肩の高さでまっすぐ伸ばす。

Point

下半身をしっかり固定して、上半身は天井を見るイメージで行います。

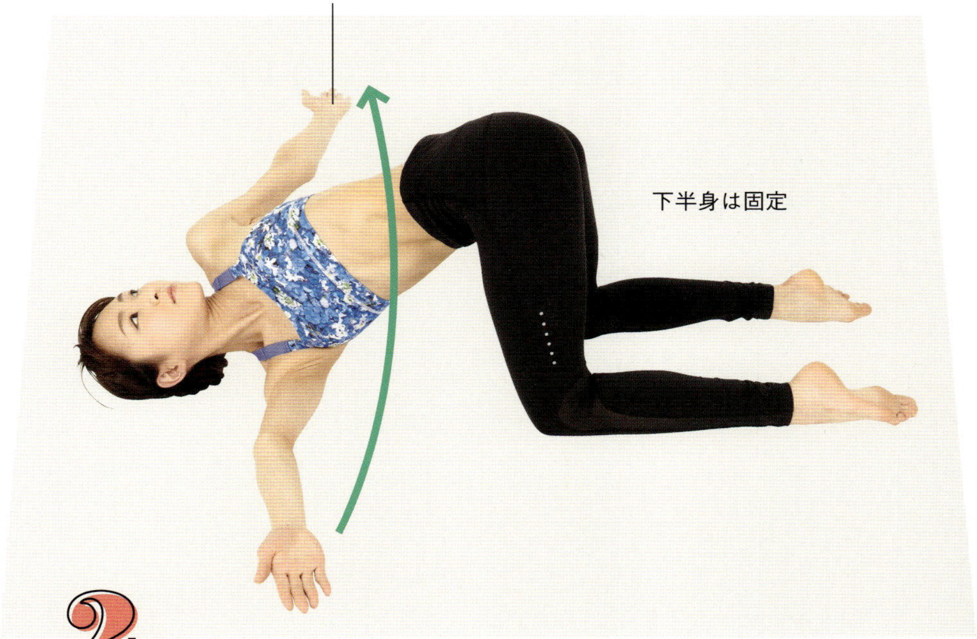
左手の甲を床につける
下半身は固定

2

左腕を大きな円を描きながら左側に倒し、上半身をひねる。10回くり返し、反対側も同様に行う。

➡ 左右10回×1〜3セット

ストレッチ J

脂肪を燃えやすくする①

日常生活では肩が上がりがちです。
肩を下げることを意識して、
しっかり肩甲骨を動かしましょう。

スキャピュラーEX

1

脚は肩幅より開いて立ち、両腕は「V」の字に上げる。

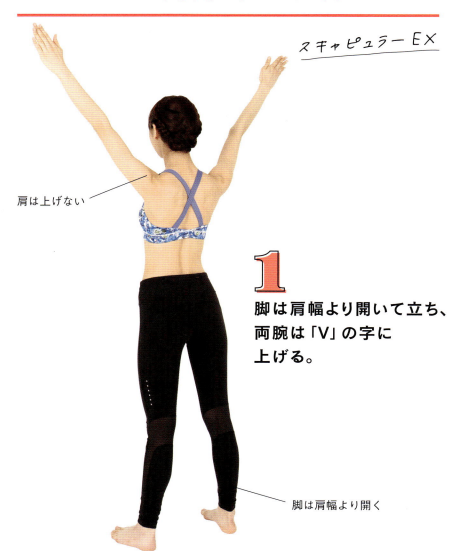

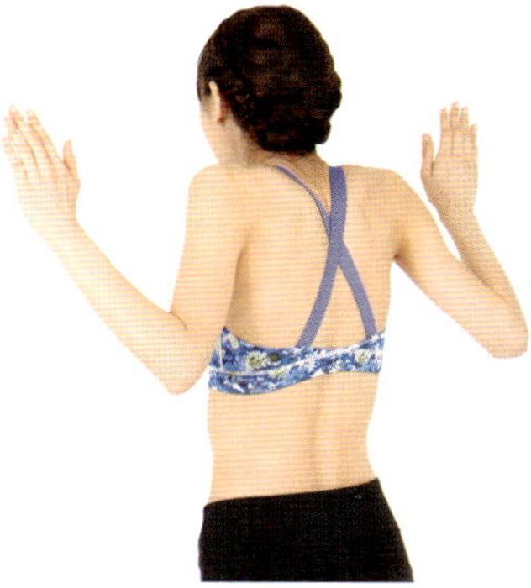

NG

肩がいっしょに上がらないように。首を長くしながら行うイメージで。

肩甲骨を寄せる
手は少し後ろへ引く

2

両ひじを曲げたまま少し後ろへ引きながら下ろしていき、肩甲骨を寄せる。3秒キープする。

➡10回

ストレッチ K

脂肪を燃えやすくする②

肩甲骨を「開く→閉じる」ストレッチです。
大好きな人を思い浮かべながら、
ダイナミックな動きで、肩甲骨を刺激します。

1

ウエルカム&ハグ

脚は肩幅より開いて立つ。両腕は胸の前で開き、後ろへ大きく引く。3秒キープする。

ウエルカムのポーズ

腕はしっかりと開く
脚は肩幅より開く

横から見ると…

手は後ろへ引く

2

**両腕を胸の前でクロスさせ、
両腕で背中をつかみ、
肩甲骨を開く。
3秒キープする。**

ハグのポーズ

後ろから見ると…

両手はできるだけ背中の中心へまわす

➡ 10回

ストレッチ L

脂肪を燃えやすくする③

ひじで円を描くストレッチです。
肩甲骨まわりを柔軟にして、燃焼力を高めましょう。
肩こりなどにも効果大！

1

**脚は肩幅に開いて立つ。
両腕は肩の高さに上げて
両指先を肩にあてる。**

2

**ひじが体の遠くに
円を描くようにして、
腕を後ろへまわす。**

エルボーサークル

Point

ひじが体の遠くに円を描くように動作を行います。小さな円を描いたのでは効果減！

3

**肩甲骨を
動かすイメージで
ぐるっとまわす。**

4

**後ろまわし終了。
10回くり返し、
前まわしも同様に行う。**

➡後ろまわし・前まわし10回×1〜3セット

ストレッチ M

脂肪を燃えやすくする④

肩甲骨にアプローチしますが、
広背筋もしっかりとストレッチできます。
猫背改善などにも効果が期待できます。

バックストレッチ

左ひじは90°に曲げる
右手は腰に
脚は肩幅より開く

1

**脚は肩幅より開いて立ち、
右手は腰にあてる。
左腕はわきから離し、
ひじは90°に曲げ、
上半身を左へ傾ける。**

できるだけ遠くへ、
指先を伸ばすように！

肩甲骨を動かすことを
意識

Point

ラジオ体操のイメージで行いましょう！

2

**左腕を右へ
勢いよく動かしながら、
上半身を右へ倒す。
3秒キープする。
10回くり返し、
反対側も同様に行う。**

➡ 左右10回

脂肪を燃えやすくする⑤

ロボットのような、コミカルなストレッチです。
肩、肩甲骨を刺激して、
姿勢改善と脂肪燃焼を促進します。

ロボットダンス

ひじから
先はやや
後ろへ
手のひらは前へ
ひじは90°に
曲げる

Point

横から見たとき、ひじから先が垂直より後ろに倒れるようにします。

1

脚は肩幅に開いて立ち、
両腕は肩の高さまで上げる。
両ひじを90°に曲げ、
手のひらは前へ向ける。
3秒キープする。

Point

肩が上がらないように。
首を長くするイメージで。

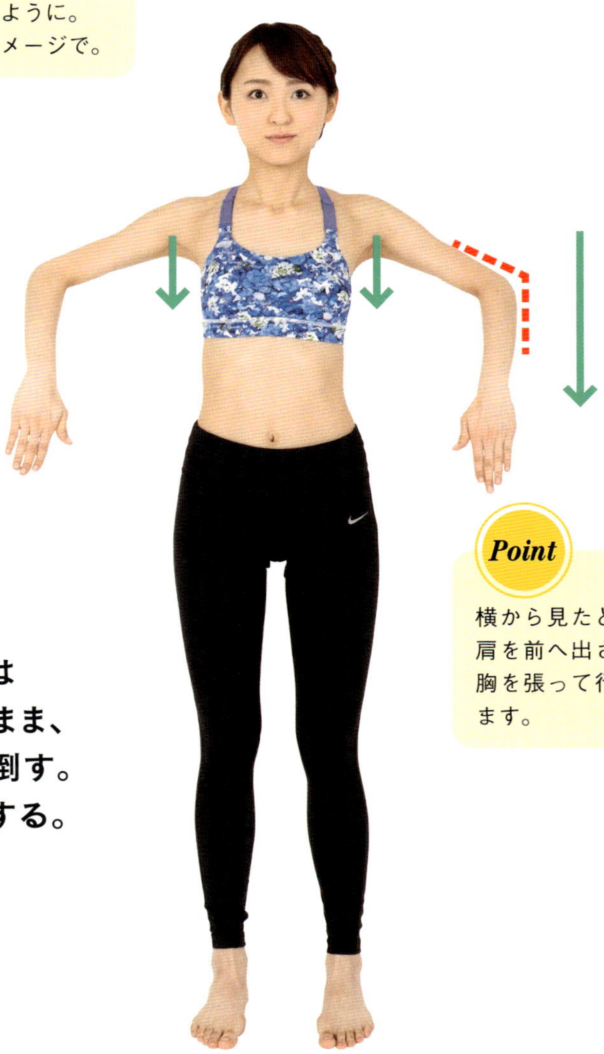

Point

横から見たとき、
肩を前へ出さず、
胸を張って行い
ます。

2

ひじの高さは
1の状態のまま、
ひじを前へ倒す。
3秒キープする。

➡10回

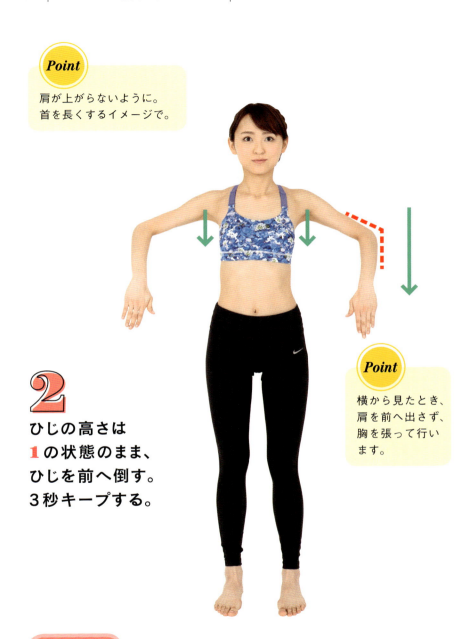

ストレッチ ○

脂肪を燃えやすくする⑥

首周辺の褐色脂肪細胞を刺激すると、
代謝アップにつながり、
やせやすい体質になります。

立って、首まわし

ネックサークル

Point

椅子に座って行っても、
効果は同じです。

脚は肩幅より
開いて立つ。
両手は後ろで組み、
首をまわす。

➡ 左右10回×1～3セット

仰向けになって、首まわし

両手のひらは
床につける

1

**仰向けになって、
両腕を体から離す。
ひざは90°に曲げてそろえる。**

2

首を右へ倒す。

NG

肩が浮いてしまうと、
効果は期待できません。

3

首を左へ倒す。

➡ 左右10回×1〜3セット

Part

3

気になる部分やせも、ひねるだけ!

お腹やお尻など、部分に効く９つのストレッチです。
PART2の基本ストレッチを続けて
全身がすっきりしてきたら、
ボディメイクの仕上げとして
ぜひチャレンジしてください。
もちろん、基本ストレッチと合わせて行っても効果的です。

umbro
play umbro

ストレッチ P

お腹がすっきり凹む①

骨盤まわりが硬くなると、
ポッコリお腹の原因に。
骨盤エクササイズで、すっきりお腹をめざしましょう。

ペルビックウォーク

1

両脚をそろえて床に座る。
両腕は胸の前でクロスさせ、
指先は伸ばして鎖骨にあてる。

後ろから
見ると…

Point

ひざを伸ばすのが難しい方は、少し
曲げた状態からスタートしてもOK。

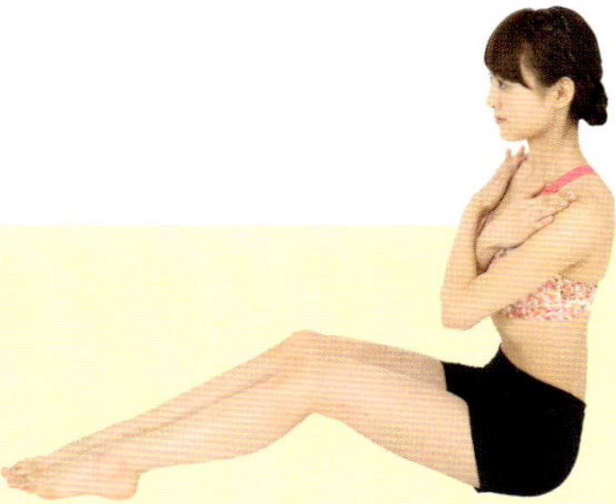

2
右脚を前へ進め、
骨盤をひねる。

片側のお尻を持ち上げながら
進んでいく

後ろから
見ると…

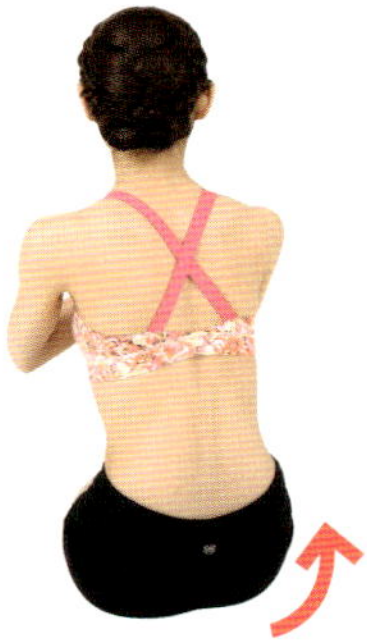

3
左脚を前へ進め、
骨盤をひねる。

後ろから
見ると…

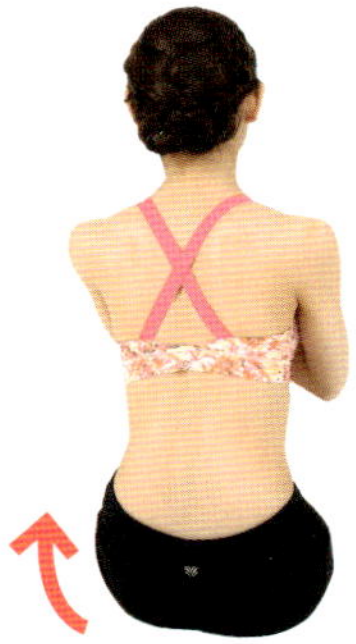

➡ 10回×1～3セット

ストレッチQ

お腹がすっきり凹む②

骨盤の傾きは、ポッコリお腹の原因になります。
前後に傾けて、
すっきりお腹をめざしましょう。

ペルビックEX

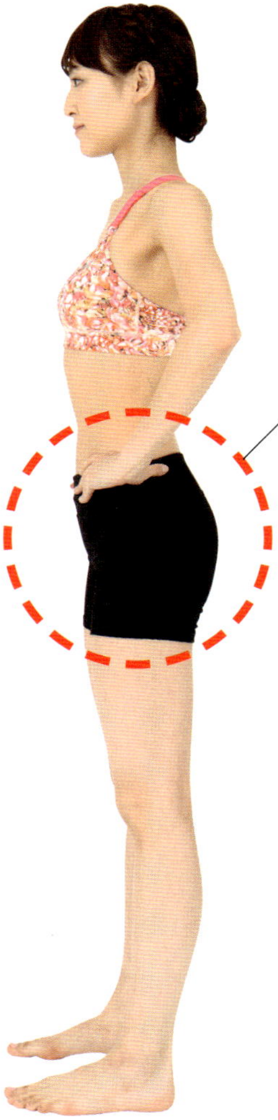

1

**脚は肩幅に開いて立ち、
両手は腰にあてる。**

2
骨盤を前に傾ける。

3
骨盤を後ろに傾ける。

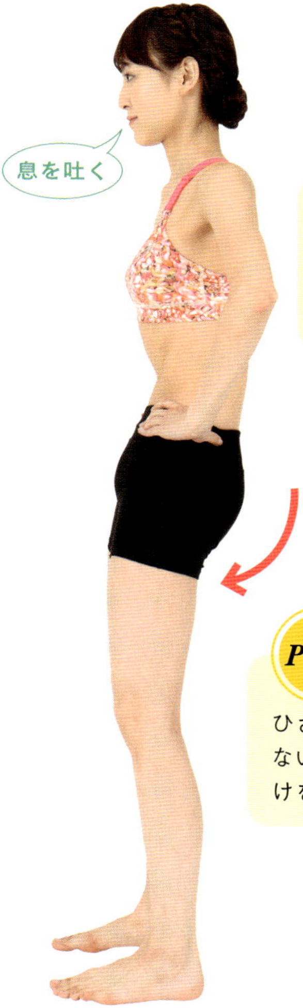

Point
肩はいっしょに動かないようにします。

Point
ひざは固定して動かないように。骨盤だけを動かします。

➡ 10回×1〜3セット

ストレッチ R

お腹がすっきり凹む③

しっかりと「ひねる」ことを
意識しながら動かしましょう。
お腹全体、とくにお腹の横に効果大です。

ツイストシットアップ

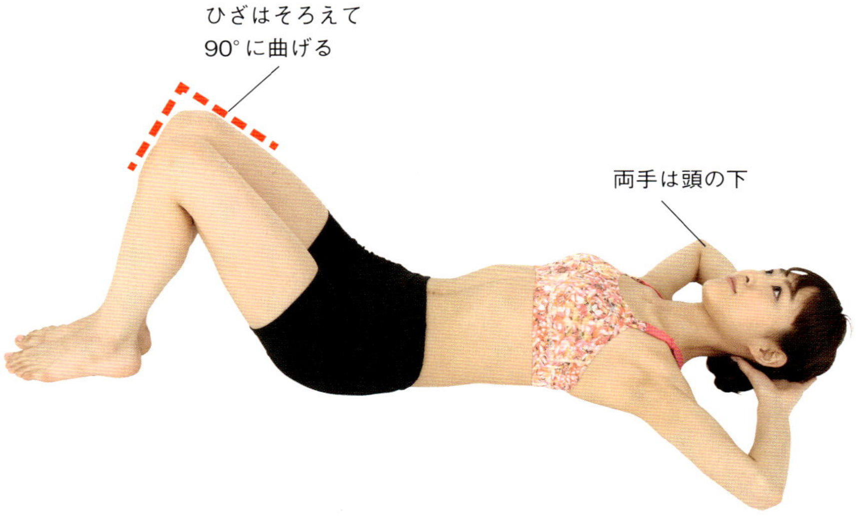

ひざはそろえて
90°に曲げる
両手は頭の下

1

仰向けになる。
両ひざはそろえて立て、90°に曲げる。
両手は頭の下に入れる。

Point

ひじとひざの両方から迎えにいくように動かします。しっかり「ひねる」意識をもちましょう。

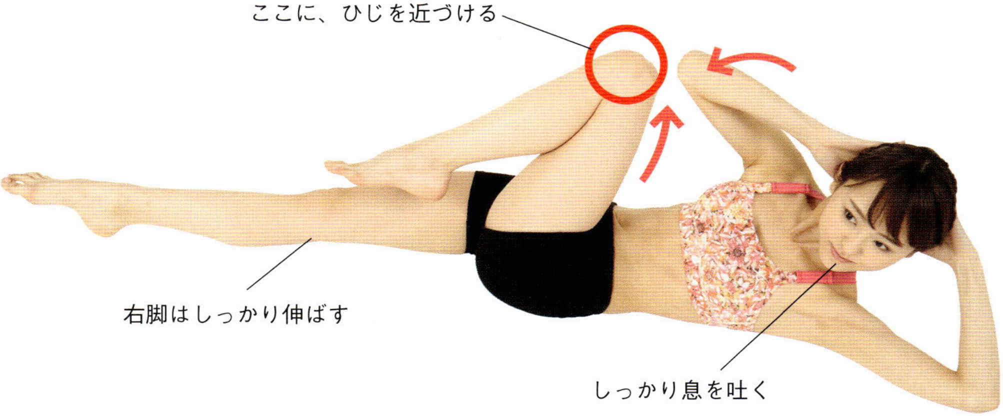
ここに、ひじを近づける
右脚はしっかり伸ばす
しっかり息を吐く

2

左ひざと右ひじを近づけ、お腹をひねる。
10回くり返し、反対側も同様に行う。

➡ 左右10回×1〜3セット

ストレッチ S

背中・二の腕すっきり

背中と二の腕をひねるだけのストレッチです。
腕で円を描いて、リズミカルに。
肩、肩甲骨周辺、わきの下を刺激します。

アームサークル

Point

両腕を後ろに引くとき、腰がそらないように注意します。

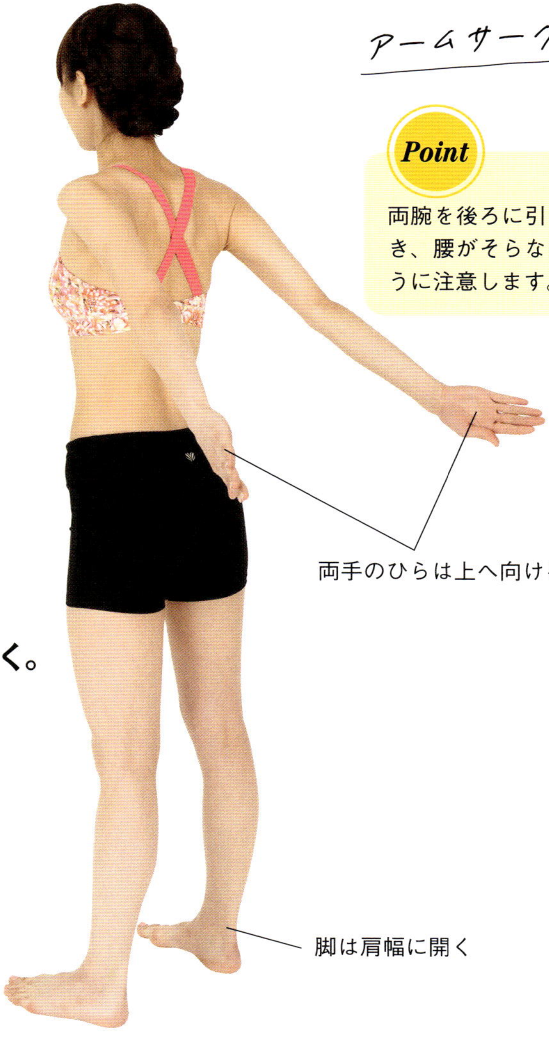

両手のひらは上へ向ける

脚は肩幅に開く

1

脚は肩幅に開いて立ち、両腕は後ろへ引く。

Point

肩と肩甲骨も動くように大きく回します。

2

両腕を内側にまわす。

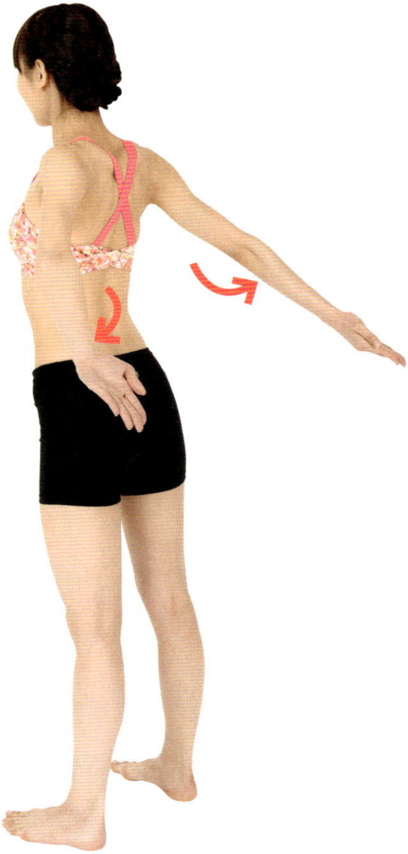

3

両腕を外側にまわす。

➡ 10回×1〜3セット

ストレッチ T

ウエストのサイドがキュッ

「ストレッチC (p.36) 」の上級編です。
足を高く上げて行うので、
ウエストまわりに効果十分です。

ヒップクロスオーバー2.0

ひざはそろえて
90°に曲げる
手のひらは床に
つける

1 仰向けになる。
両ひざをそろえて立て、
ひざは90°に曲げて脚を上げる。
両腕は肩の高さにまっすぐ伸ばす。

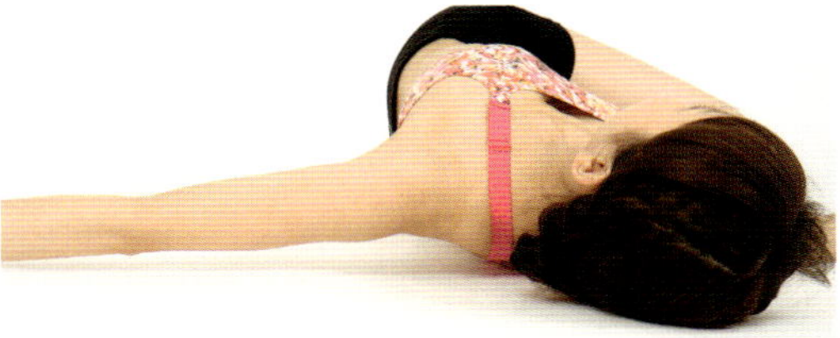

NG

ひねった方向と反対側の肩（写真では左肩）が、床から浮かないようにしましょう。

Point

床に脚がつかないところで止めます。床に脚がついてしまうと効果減！

2 両脚を右側へ倒し、下半身をひねる。3秒キープする。10回くり返し、反対側も同様に行う。

➡ 左右10回×1〜3セット

ストレッチ U

ウエストが細くなる

うつぶせになって、
ひじとひざをくっつけることで
ウエストを思いきり「ひねる」ストレッチです。

マウンテンクライム

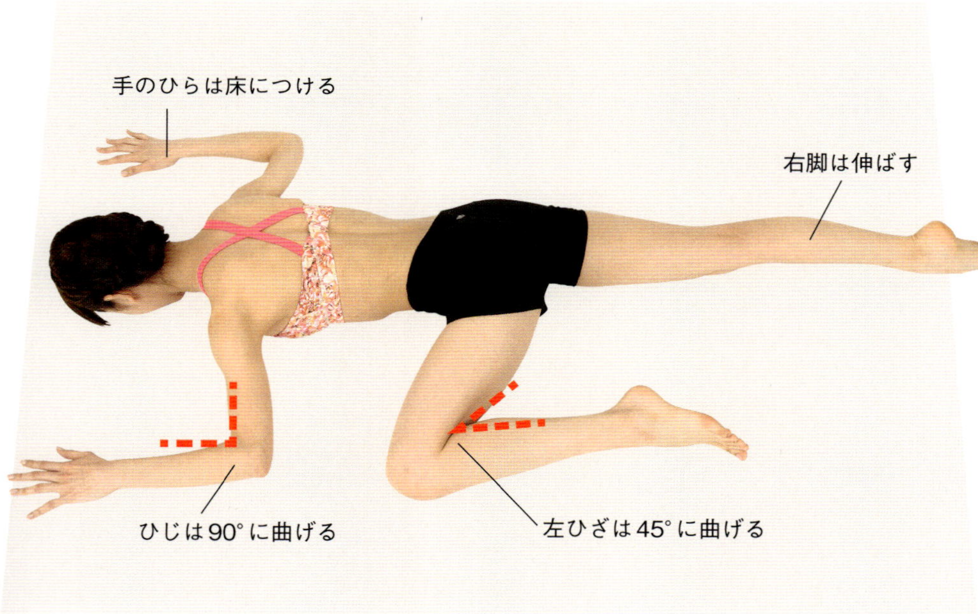
手のひらは床につける
右脚は伸ばす
ひじは90°に曲げる
左ひざは45°に曲げる

1 うつ伏せになって、左脚を上げ、
ひざを45°に曲げる。
両腕は肩の高さに上げ、
ひじは90°に曲げる。

NG

ひねった方向と反対側の脚と腕（写真では右側）が、床から浮かないようにしましょう。

Point

左横腹（ウエストの横）が、しっかりと寄っているのを感じてください。

2 左ひじと左ひざを近づけ、腰をひねる。10回くり返し、反対側も同様に行う。

➡ 左右10回×1〜3セット

ストレッチ V

美尻になる①

横向きに寝て、
片脚を高く上げてクルクルまわします。
脚が落ちてこないように頑張りましょう。

ヒップアブダクション

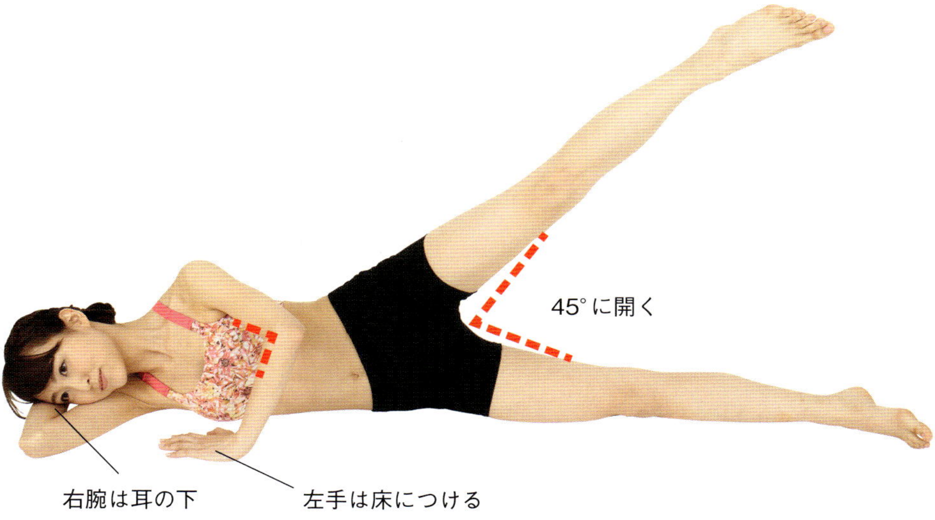

45°に開く
右腕は耳の下
左手は床につける

1

**右肩を下にして横向きに寝る。
右腕はひじを曲げて耳の下に入れ、
左腕はひじを曲げて胸の前で手のひらをつく。
左脚を上げて45°に開く。**

Point

ひねる脚だけを動かして、他の部分は固定すると効果的です。

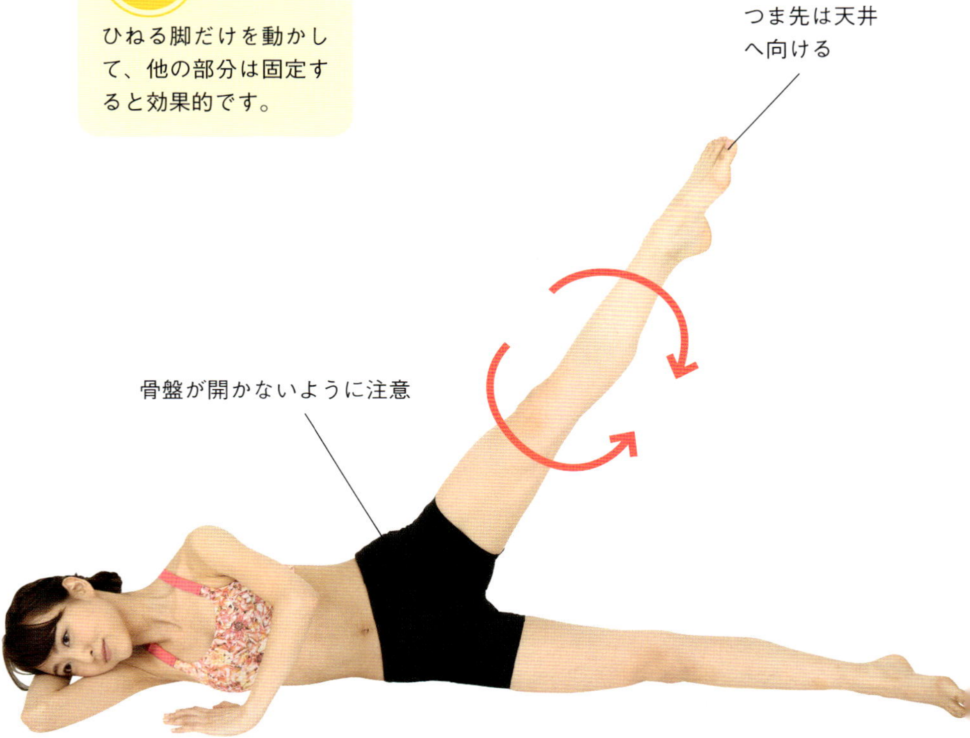
つま先は天井へ向ける
骨盤が開かないように注意

2

左脚は上げたまま、外回しと内回しを１回ずつ行う。10回くり返し、反対側も同様に行う。

➡ 左右10回×1～3セット

ストレッチ W

美尻になる②

四つんばいになって、片脚を高く上げます。
動きは単純ですが、
ヒップアップの最強エスクササイズです。

ヒップエクステンション

両手は肩の真下
ひざは90°に
曲げて軽く開く

1

両手、両ひざを床につき、四つんばいになる。
両ひざは90°に曲げて軽く開き、
両手は肩の真下につく。

Point

脚は真上に上げるのではなく、斜め横に上げるようにすると、ヒップに効きます。

Point

腰がそらないように。お腹に力を入れましょう。

2

左脚を斜め横に上げ、3秒キープして下ろす。10回くり返し、反対側も同様に行う。

➡ 左右10回×1～3セット

ストレッチ X

美尻になる③

ひじをついて寝転がる、ラクな姿勢からスタート。
お尻の筋肉を柔らかくし、豊かなお尻を育てます。
女性らしいヒップラインを手に入れましょう。

ヒップオープナー

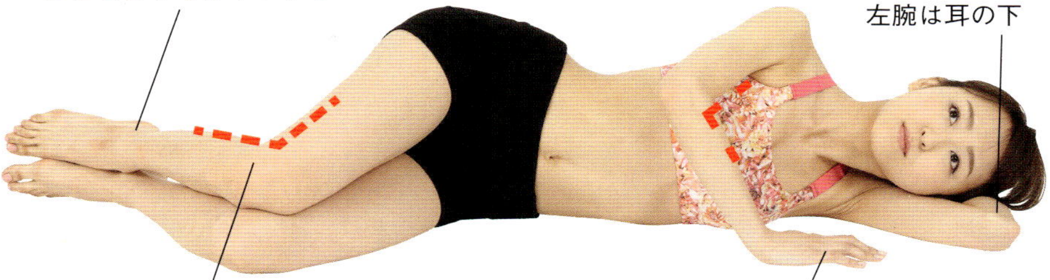
かかとはしっかりつける
左腕は耳の下
ひざはそろえて
90°に曲げる
右手は床につける

1

左側を下にして横向きに寝る。
左腕はひじを曲げて耳の下に入れ、
右腕はひじを曲げて胸の前で手のひらをつく。
ひざはそろえて90°に曲げる。

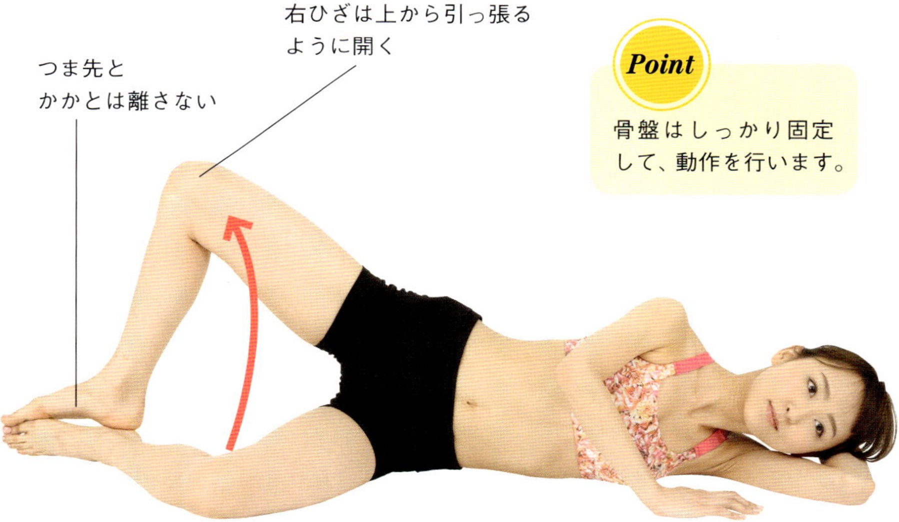
右ひざは上から引っ張る
ように開く
つま先と
かかとは離さない

Point

骨盤はしっかり固定
して、動作を行います。

2

右脚を開く。
10回くり返し、反対側も同様に行う。

➡ 左右10回×1〜3セット

Part

4

モデルも実践!
キレイにやせる
生活習慣

食事、シャワー、睡眠、呼吸……。
私が、ジムで実際にモデルさんたちにお伝えしている、
生活のなかでできる
「やせる習慣」をまとめました。
ストレッチと合わせて、実践してみてください。

umbro
umbro

ライフスタイル１

「温冷浴シャワー」で脂肪を燃やす

褐色脂肪細胞のスイッチをＯＮにするために、「ひねるストレッチ」が効果的（↓26～27ページ）なことは、すでに述べました。

実は、ストレッチ以外にも、同じ効果を引き出すことができる方法があります。それは「温冷浴シャワー」です。

温浴と冷浴をくり返すと、褐色脂肪細胞が体温を一定に保とうとする働きをします。その結果、褐色脂肪細胞のスイッチがＯＮになって活性化し、白色脂肪細胞（体脂肪）を取りこんで燃やしてくれるのです。

温冷浴の方法は簡単です。**褐色脂肪細胞のある部分に、40℃強の温水を30秒、20℃前後の冷水を30秒。これを10回くり返すだけです。**

体温（36・5℃）以下の水を体にかけると、冷たく感じます。シャワーの水を20℃にまで下げると、かなり冷たいと感じるはずです。寒い冬や心臓の弱い方は無理をせず、季節や体調によって調整しましょう。

「温冷浴シャワー」のやり方

温浴
40℃強の温水＝**30**秒

＋

冷浴
20℃前後の冷水＝**30**秒

×

10回（10分）

褐色脂肪細胞がある部分にシャワーをかける

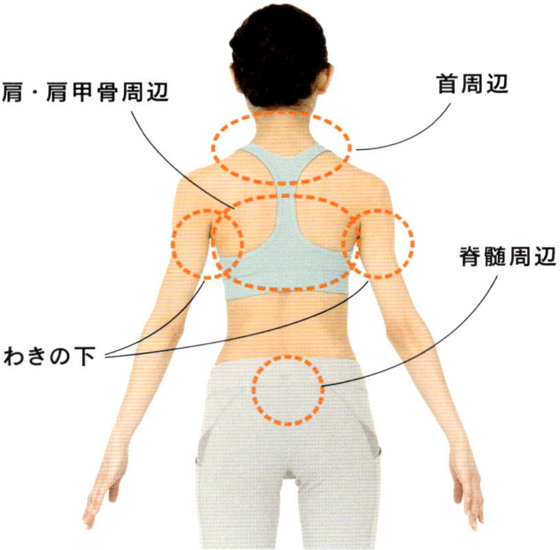

ライフスタイル2

「低糖質&高タンパク」の食事で、短期決戦

「低糖質の食事」とは、ご飯・パン・麺類、果物、ケーキやお菓子などの「糖質（炭水化物から食物繊維を除いたもの）」をなるべくとらない食事法のこと。

短期間でやせる効果が期待できますが、それは次のような理由によります。

1　脂肪細胞の元となる材料（糖質）が減る

2　インスリンの分泌量が減る

3　体がエネルギー不足状態になり、脂肪を分解する働きが生じる

低糖質の食事をするにあたって、気をつけたいことがひとつ。脂肪が分解される際に、タンパク質をとる量が少ないと、筋肉もエネルギーに分解されてしまうことです。筋肉量が減ると、基礎代謝が低下してしまいます。**筋肉量を落とさないためには、タンパク質をきちんと摂取することが大切です。**

「低糖質」かつ「高タンパク」な食事。短期間で結果を出したい方は、ストレッチと合わせて、ぜひ試してみてください。

糖質を減らすとやせる

太りやすい体

糖質を多めにとる

↓

血糖値が急上昇する
（血液中にブドウ糖が急増する）

↓

血糖値を下げるために
インスリンが分泌される

↓

血糖値は低下する

↓

筋肉と脂肪細胞にブドウ糖が取りこまれ、中性脂肪やグリコーゲンとなり一時的に貯蔵。余った分は中性脂肪となる

↓

脂肪を
蓄えやすい体になる

やせやすい体

糖質を少なめにとる

↓

血糖値は変化しない
（血液中にブドウ糖が増加しない）

↓

インスリンは分泌されない

↓

血糖値は低下しない

↓

筋肉と脂肪細胞に貯蔵されていた中性脂肪とグリコーゲンを燃やし、エネルギー源になる

↓

脂肪が
燃えやすい体になる！

ダイエットの新常識！

タンパク質のDIT（食事誘発性熱産生）は糖質の5倍！

DITとは、ものを食べたあとに、消化と吸収に費やされるエネルギー量のこと。タンパク質をとったときは、カロリーの約30％がDITとして消費されますが、糖質では約6％と、タンパク質の5分の1程度のエネルギー消費にしかなりません。

このように、タンパク質が足りないとDITが低くなります。熱産生が減って、冷えやすく、脂肪をためこみやすい体になります。やせるための食事は、低糖質であることに加え、高タンパクであることも重要なのです。

ライフスタイル3

気をつけたい！　ダイエットのNG習慣

ダイエットには気を遣っているのに、なぜかやせない……そんな悩みを抱えていませんか。あなたの毎日の食習慣に問題があるのかもしれません。

早食いで、咀《そ》嚼《しゃく》回数が少ないと
↓
太りやすくなる

早食いは、血糖値が通常よりも急激に上がってしまい、太りやすくなってしまいます。

目安は、１口に30回程度かむこと。それだけでも、血糖値の急上昇を抑えられます。

睡眠不足が続くと
↓
太りやすい体質になる

夜遅くまでスマホやパソコン、テレビなどのブルーライトを見ていると、不眠になるといわれています。

睡眠不足が続くと、副交換神経の活性度が低下し、自律神経のバランスが悪くなります（→p.18-19）。消化不良になって脂肪が燃焼しにくくなるなど、体のさまざまな機能が低下し、太りやすい体質になってしまいます。

タンパク質をとらないと
↓
むくみやすくなる

食事で摂取したタンパク質からつくられる物質に、血液や体液に含まれる「アルブミン」があります。アルブミンは全身に栄養や水分を運ぶ大切な役割を担っていて、これが不足すると体がむくむ原因となります。タンパク質を意識してとることで、むくみにくくなったという声をたくさん聞いてきました。

タンパク質には、代謝をサポートするビタミンやミネラルも含まれています。肉、魚、卵、大豆製品、乳製品など、毎日の食事でしっかりとるようにしましょう。

お酒を飲むと
↓
脂肪分解が一時停止する

お酒は、なぜダイエットにNGなのでしょうか。それは、お酒を飲むと、肝臓がアルコール分解をすることに専念してしまい、脂肪の分解を一時的に停止してしまうからです。たとえ、少量のお酒でも油断は禁物です。

ライフスタイル4

呼吸を見直して、やせ体質になる

自律神経がバランスよく整っていることが、キレイにやせるためにはもちろん、健康のためにも非常に大切なことはＰＡＲＴ１で述べました。

自律神経は自分の意思とは無関係に働きますが、唯一、自分でコントロールできるのが呼吸です。呼吸の回数は、１日に約２万回といわれます。**呼吸の質を上げることができれば、自律神経を安定させ、健康にやせる体の基盤をつくることができます。**

呼吸には、鼻で吸って口で吐く「鼻呼吸」と、口で吸って口で吐く「口呼吸」がありますが、体にいいのは「鼻呼吸」です。

口呼吸は鼻呼吸に比べて１回に吸える酸素の量が少なく、呼吸の回数が増えて、浅くて速い呼吸になります。これは交感神経を活性化させてしまい、車でいうと、アクセルが効きやすくブレーキが効きにくい状態に。また、口呼吸は首や肩の筋肉で吸おうとしてしまいがちで、慢性的な肩こりや頭痛の原因になることもあります。

口呼吸が習慣になってしまっている方は、ぜひ見直してみてください。

《口呼吸》をやめて、《鼻呼吸》をするとやせる

口呼吸のデメリット

- 1回に吸う酸素量が少ないため、呼吸の回数が増える。
- 息を吸うとき、首や肩の筋肉を使ってしまいがちで、慢性的な肩こりや頭痛になりやすい。

鼻呼吸のメリット

- 横隔膜をしっかりと動かすことができ、深くゆっくりな呼吸になる。
- 深くゆっくりな呼吸は、副交感神経の活性度をアップする。

↓

《鼻呼吸》で副交感神経を活性化してストレッチ効果をアップする！

ストレッチ中は、とくに深くてゆっくりな《鼻呼吸》を意識しましょう。副交感神経の活性度がアップすると、血管が開いて体の隅々まで血液が行き渡ります。血流がよいと筋肉がリラックした状態になり、ストレッチ効果もアップします。

ライフスタイル5

「スマホの姿勢」をリセットする

みなさんのなかにはスマホを片時も手放せないという方も少なくないでしょう。では、スマホを片手に持って画面をのぞきこむとき、みなさんがどんな姿勢をしているか意識したことはありますか？

首とあごは前に突き出て、いわゆる「スマホ首」になっていませんか？　肩は前に傾き、背中は丸く、腰は後ろに傾いて、前屈みのおばさん姿勢になってはいませんか？

首の重さは５kgもあるといわれますが、このスマホ首の状態だと最大25kgもの負荷がかかる計算になります。これでは、肩こりが治りにくいのはもちろん、**首や肩まわりの筋肉が異常に発達してアンバランスになってしまいます。**

また、**長時間この前かがみの姿勢を続けていると、背骨の中心がずれて肩や腰の筋肉が硬直してクセがついてしまい、元に戻りにくくもなります。**

スマホに限らず、前屈みになるパソコン操作でも同じです。スマホやパソコンを操作するときは、正しい姿勢を心がけ、長時間続けないように気をつけましょう。

「スマホの姿勢」のNGポイント

「スマホ首」の状態
↓
首まわりの筋肉が硬直し、頚椎《けいつい》のカーブがなくなる
肩が前に傾く
首やあごが前に出る
背中が丸くなる
脚を組む
↓
骨格（骨盤や背骨など）が左右・前後に変形する
骨盤が後ろに傾く
↓
腰まわりの筋肉が緊張し、血流が悪くなる

頭が正常な位置から傾くと、首まわりの筋肉にかかる負担は？

15°傾く ——→ 約12kgの負担

60°傾く ※スマホをしている状態 ——→ 約**25kg**の負担

Q どのくらいで結果が出るのでしょうか？

A 個人差はありますが、早い方は２～３週間で、結果が出てきます。Before & After （→p.6～9）をご覧いただければ、おわかりいただけるかと思います。早い段階で結果が見えてくれば、モチベーション・アップにつながります。そのためには、毎朝、体重・ウエスト・体脂肪率の記録をつけ、全身を鏡に映して定点チェックをしましょう。自分のボディラインに興味をもつことが、美への近道です。

「ひねってやせる!」Q&A

やせたいみなさんの
疑問にお答えします。

Q 「ひねるストレッチ」は、１日のうちでいつするのが効果的ですか？

A 起床後に「ひねるストレッチ」をすると、自律神経の活性度が上がり、交感神経が刺激され、体も頭もシャキッとしてきます。お風呂上がりにすると筋肉が温まって、より効果的です。

Q 「ひねるストレッチ」は、毎日してもいいのですか？

A 毎日5分でも10分でもいいですから、コツコツ続けるようにしてください。歯磨きのように習慣づけて、継続していくことが大切です。

Q ウォーミングアップは必要ありませんか？

A 特別なウォーミングアップは必要ありません。目的に合わせてプログラム（→p.28～29）を組んでいますので、それぞれのパッケージごとに、順序どおりにストレッチを行いましょう。

Q すぐに飽きてしまいます。長続きする秘訣はありますか？

A ストレッチやエクササイズは、地道な努力の積み重ねです。音楽をかけながら、テレビを観ながらでしたら、楽しく続けられるでしょう。また、明確な目的をもつことも、ひとつの方法です。モデルさんや歌手なら「オーディションまでに」「本番までに」。一般の方なら「みんなで海に行く日までに」「同窓会までに」など、目的と期限を定めると、続けやすいでしょう。

Staff
カバーデザイン―ヤマシタツトム
本文デザイン――島田利之（シーツ・デザイン）
撮影――――――金子吉輝（DUCK TAIL）
ヘア & メイク――小笠原ゆかこ（P²）
モデル―――――西村紗也香
編集協力―――雨宮敦子（Take One）

ひねってやせる！

モデル専属ボディメイクトレーナーの最強ストレッチダイエット

著者　**武《たけ》田《だ》敏《とし》希《き》**

発行　**株式会社二見書房**
東京都千代田区神田三崎町2-18-11
電話　03(3515)2311(営業)
　　　03(3515)2313(編集)

印刷　株式会社 堀内印刷所

製本　株式会社 村上製本所

落丁・乱丁がありました場合は、お取り替えします。
定価・発行日はカバーに表示してあります。

ISBN978-4-576-18100-4
http://www.futami.co.jp